십계명

1. 너는 나 외에는 다른 신(神)들을 네게 두지 말라
2. 너를 위하여 새긴 우상을 만들지 말고 그것들에게 절하지 말며 그것들을 섬기지 말라
3. 너는 네 하나님 여호와의 이름을 망령되게 부르지 말라
4. 안식일을 기억하여 거룩하게 지키라
5. 네 부모를 공경(恭敬)하라
6. 살인(殺人)하지 말라
7. 간음하지 말라
8. 도둑질하지 말라
9. 네 이웃에 대하여 거짓 증거하지 말라
10. 네 이웃의 집을 탐내지 말라

출 20:3-17 참조

The Ten Commandments

1. You shall have no other gods before me.
2. You shall not make for yourself an idol.
3. You shall not misuse the name of the Lord your God.
4. Remember the Sabbath day by keeping it holy.
5. Honor your father and your mother.
6. You shall not murder.
7. You shall not commit adultery.
8. You shall not steal.
9. You shall not give false testimony against your neighbor.
10. You shall not covet your neighbor's house.

cf. Exodus 20:3-17

303비전 성경암송노트
유니게 과정 제3·4·5단계

303비전 성경암송노트

유니게 과정 제3·4·5단계

개역개정 | 새번역 | NIV

여운학 엮음

규장

머리말

303비전을 이루기 위해

유니게 1,2단계를 포함하여 200절의 말씀을 개역한글판과 개역개정판 성경으로 수록했던 암송노트를 개역개정과 새번역으로 발행하였습니다. 이에 3,4,5단계 300절도 개역개정판과 개역한글판으로 된 것을 개역개정과 새번역으로 새롭게 발행하게 되었습니다.

처음으로 말씀을 암송하려는 사람들은 어떤 성경 번역본으로 암송해야 할지 염려하게 됩니다. 다행인 것은 종래에 사용해오던 개역한글판 성경과 새로 나온 개역개정판 성경은 거의 내용이 같다는 것입니다. 어려운 단어를 쉽게 풀어 썼다든지, 접속사나 토씨가 현대 한글 문법에 맞게 바뀌는 정도이므로, 어느 성경을 암송하든지 묵상하는 데는 지장이 없을 것으로 봅니다. 그래서 종래에 사용하던 개역한글판을 빼고 새번역판을 새롭게 추가하였습니다. 개역개정성경과 새번역성경을 비교하면서 암송하면 의미가 더 풍성하고 묵상이 잘 될 것이라 사료됩니다.

유니게 1,2단계를 통하여 말씀암송 자녀교육을 시작한 교회와 가정들은 곧장 3,4,5단계의 말씀에 도전하고 싶은 열정에 사로잡히게 됩니다. 말씀을 사모한다는 맛을 알아가게 되는 자연스러운 현상입니다. 이미 마음에는 일천 구절의 말씀을 암송할 열정으로 불타오르는 것을 경험하게 될 것입니다.

성경 암송이 어렵다는 것은 고정관념일 뿐입니다. 하니비 암송법을 통하여 반복과 지속의 힘이 얼마나 위대한지 이미 깨달은 분은 알 것입니다. 거룩한 매임을 통하여 반복하고 지속해서 암송한 말씀은 이미 우리 안에 역사하고 있는 것도 많은 경험과 간증을 통하여 듣게 됩니다.

말씀암송은 말씀이신 하나님을 내 안에 모셔 들이는 거룩한 수고이며 즐거운 노동입니다. 말씀암송은 사모하는 자의 마음에 새겨주시는 하나님의 사랑입니다.

이스라엘아 들으라 우리 하나님 여호와는 오직 유일한 여호와이시니 너는 마음을 다하고 뜻을 다하고 힘을 다하여 네 하나님 여호와를 사랑하라 오늘 내가 네게 명하는 이 말씀을 너는 마음에 새기고 네 자녀에게 부지런히 가르치며… _신 6:4-7

말씀암송은 단순히 자녀교육을 위한 수단으로 사용하시면 안 됩니다. 말씀암송은 마음을 다하고 뜻을 다하고 힘을 다하여 우리 하나님 여호와를 사랑하는 사랑의 뿌리에서 시작됩니다. 하나님을 사랑하는 자는 그분의 말씀을 마음에 새기고 난 후에 자녀에게 부지런히 가르치는 것이 순서입니다.

그러므로 말씀암송은 하나님 사랑, 자녀 사랑의 결합체와도 같습니다. 성도가 말씀을 암송하는 것은 하나님을 사랑하는 고백이며 자녀들을 사랑하는 표현입니다. 그러므로 말씀을 암송할 때마다 하나님을 향한 사랑이 솟구쳐 올라옴을 경험하게 될 것이며 자녀들을 향한 자비와 긍휼의 마음이 풍성하게 될 것입니다.

3,4,5단계의 말씀뿐 아니라 6-10단계에 이르도록 말씀이 너무 너무 좋은 성도, 가정, 교회가 되기를 바랍니다.

도산 안창호 선생은 침체된 국가의 위기를 극복하기 위하여 다음세대를 향한 구국운동을 실천함에 있어서 청소년들을 대상으로 점진학교를 설립하였습니다. 교육을 통하여 오랫동안 꾸준히 점진하는 길만이 민족개조를 이룩하는 길이라고 하였습니다.

303비전은 도산 안창호의 '점진(漸進)론'의 정신을 그대로 드러내고 있습니다. 기쁜 마음으로 점진하고, 낙심하지 말고 우리의 직무를 다하는 것이야말로 무실역행(務實力行)의 정신이 아니고 무엇이겠습니까?

30년씩 3세대에 이르도록 말씀암송으로 하나님을 사랑하고 자녀를 교육하며 이 세상을 변화시켜 오늘도 내일도 전진하는 303비전성경암송학교가 될 것입니다.

성경암송노트 활용의 지혜

01 짝수쪽 상단의 개역개정 성경과 하단의 새번역 성경 중에 출석하는 교회에서 사용하는 성경을 암송하십시오.

02 할 수 있으면 홀수쪽의 영어성경(NIV)을 함께 읽으십시오. 그리하면 더 깊은 이해에 이르게 될 것입니다.

03 말씀을 사모하는 마음으로 간절히 기도하고 암송하십시오. 그리하면 주께서 놀라운 집중력과 암기력을 주실 것입니다.

04 먼저 우리말을 암송하십시오. 암송은 자기 나름대로의 방법으로 해도 좋지만 '하니비 암송법'을 활용하면 더 빨리, 더 쉽게 암송할 수 있을 것입니다. 하니비 암송법이란 하나님께서 꿀벌에게 주신 지혜를 적용한 것입니다.
벌의 빠른 날갯짓처럼 빠른 속도로 반복 훈련할 것. 긴 문장을 두세 토막으로 나누어 앞부분부터 철저히 따로 암송하여 말씀이 입에서 저절로 흘러나올 때까지 반복 암송한 다음에 한 토막씩 합쳐서 암송하면 아무리 긴 문장도 단 몇 분 안에 외워집니다.

05 우리말 암송이 익숙해진 다음에는 영어로 암송하도록 권합니다. 특히 초·중·고등부나 청년대학부에서 영어로 암송하는 훈련을 쌓으면 영어회화 능력이 크게 향상됩니다.

06 일단 암송한 말씀도 사도신경이나 주기도문처럼 매일 반복하여 암송하지 아니하면 잊어버리게 마련입니다. 그러므로 매일 지속할 수 있도록 일정한 암송시간을 정해놓는 지혜가 필요합니다.
이를테면, 새벽예배 후 기도를 시작하기 전 10분 내지 2,30분간 출퇴근길의 전철(버스, 자가용) 안에서 등등.

07 성경암송에 열중하다보면 성경읽기와 기도에 소홀하기 쉬우므로, 성경읽기와 기도하는 시간 역시 지혜롭게 정해놓고 실천하십시오.

08 성경암송은 목적이 선해야 합니다. 자랑삼아 하거나 암송대회에서 일등을 하기 위해서라면 주께서 기뻐하지 않으십니다. 전도를 위하여 또는 하나님과 더욱 가까워지기 위하여, 성결한 삶을 위하여 암송할 때 주께서 기쁨과 평안과 지혜를 더하여주십니다.

09 "선 줄로 생각하는 자는 넘어질까 조심하라"(고전 10:12)라고 하신 말씀을 새기고 많이 암송할수록 더 겸손히, 더 경건히, 더 부지런히 전진하시기 원합니다.

10 절수를 표시할 때 *표는 장(편)의 끝 절이라는 표시입니다.

차례 contents

유니게 과정
4단계

유니게 과정
5단계

CONTENTS : NIV

EUNICE level 3

EUNICE level 4

EUNICE level 5

이 율법책을 네 입에서 떠나지 말게 하며
주야로 그것을 묵상하여
그 안에 기록된 대로 다 지켜 행하라
그리하면 네 길이 평탄하게 될 것이며 네가 형통하리라
내가 네게 명령한 것이 아니냐
강하고 담대하라 두려워하지 말며 놀라지 말라
네가 어디로 가든지 네 하나님 여호와가
너와 함께 하느니라 하시니라
_수 1:8,9

Keep this Book of the Law always on your lips;
meditate on it day and night,
so that you may be careful to do everything written in it. Then you will be prosperous and successful.
Have I not commanded you?
Be strong and courageous.
Do not be afraid; do not be discouraged,
for the Lord your God will be with you wherever you go.
_Joshua 1:8,9

303비전
성경암송노트

유니게 과정 제3단계

빌립보서 4:1-23*

사랑 어린 문안

개역개정

1 그러므로 나의 사랑하고 사모하는 형제들, 나의 기쁨이
요 면류관인 사랑하는 자들아 이와 같이 주 안에 서라
2 내가 유오디아를 권하고 순두게를 권하노니 주 안에서
같은 마음을 품으라
3 또 참으로 나와 멍에를 같이한 네게 구하노니 복음에
나와 함께 힘쓰던 저 여인들을 돕고 또한 글레멘드와
그 외에 나의 동역자들을 도우라 그 이름들이 생명책에
있느니라

새번역

1 그러므로 사랑하고 사모하는 나의 형제자매 여러분, 나의 기쁨이요
나의 면류관인 사랑하는 여러분, 이와 같이 주님 안에 굳건히 서 계십
시오.
2 나는 유오디아에게 권면하고, 순두게에게도 권면합니다. 주님 안에서
같은 마음을 품으십시오.
3 그렇습니다. 나의 진정한 동지여, 그대에게도 부탁합니다. 이 여인들
을 도와 주십시오. 이 여인들은 글레멘드와 그 밖의 나의 동역자들과
더불어, 복음을 전하는 일에 나와 함께 애쓴 사람들입니다. 그들의 이
름은 생명책에 기록되어 있습니다.

Philippians 4:1-23*

NIV 1 Therefore, my brothers and sisters, you whom I love
and long for, my joy and crown, stand firm in the Lord
in this way, dear friends!

2 I plead with Euodia and I plead with Syntyche to be of
the same mind in the Lord.

3 Yes, and I ask you, my true companion, help these
women since they have contended at my side in the
cause of the gospel, along with Clement and the rest of
my co-workers, whose names are in the book of life.

말씀암송으로 얻은 은혜와 묵상

빌립보서 4:1-23*

기쁨, 관용, 기도

개역개정

4 주 안에서 항상 기뻐하라 내가 다시 말하노니 기뻐하라
5 너희 관용을 모든 사람에게 알게 하라 주께서 가까우시
니라
6 아무것도 염려하지 말고 다만 모든 일에 기도와 간구로,
너희 구할 것을 감사함으로 하나님께 아뢰라
7 그리하면 모든 지각에 뛰어난 하나님의 평강이 그리스도
예수 안에서 너희 마음과 생각을 지키시리라

새번역

4 주님 안에서 항상 기뻐하십시오. 다시 말합니다. 기뻐하십시오.
5 여러분의 관용을 모든 사람에게 알리십시오. 주님께서 가까이 오셨
습니다.
6 아무것도 염려하지 말고, 모든 일을 오직 기도와 간구로 하고, 여러분이
바라는 것을 감사하는 마음으로 하나님께 아뢰십시오.
7 그리하면 사람의 헤아림을 뛰어 넘는 하나님의 평화가 여러분의 마음
과 생각을 그리스도 예수 안에서 지켜 줄 것입니다.

Philippians 4:1-23*

NIV

4 Rejoice in the Lord always. I will say it again:
Rejoice!

5 Let your gentleness be evident to all. The Lord is
near.

6 Do not be anxious about anything, but in every
situation, by prayer and petition, with thanksgiving,
present your requests to God.

7 And the peace of God, which transcends all
understanding, will guard your hearts and your
minds in Christ Jesus.

말씀암송으로 얻은 은혜와 묵상

빌립보서 4:1-23*

지도자의 덕목

개역개정

8 끝으로 형제들아 무엇에든지 참되며 무엇에든지 경건하며
무엇에든지 옳으며 무엇에든지 정결하며 무엇에든지 사랑
받을 만하며 무엇에든지 칭찬 받을 만하며 무슨 덕이 있든
지 무슨 기림이 있든지 이것들을 생각하라
9 너희는 내게 배우고 받고 듣고 본 바를 행하라 그리하면
평강의 하나님이 너희와 함께 계시리라

새번역

8 마지막으로, 형제자매 여러분, 무엇이든지 참된 것과, 무엇이든지 경
건한 것과, 무엇이든지 옳은 것과, 무엇이든 순결한 것과, 무엇이든 사
랑스러운 것과, 무엇이든지 명예로운 것과, 또 덕이 되고 칭찬할 만한
것이면, 이 모든 것을 생각하십시오.
9 그리고 여러분은 나에게서 배운 것과 받은 것과 듣고 본 것들을 실천
하십시오. 그리하면 평화의 하나님께서 여러분과 함께 하실 것입니다.

Philippians 4:1-23*

NIV

8 Finally, brothers and sisters, whatever is true,
whatever is noble, whatever is right, whatever is
pure, whatever is lovely, whatever is admirable—if
anything is excellent or praiseworthy—think about
such things.

9 Whatever you have learned or received or heard from
me, or seen in me—put it into practice. And the God
of peace will be with you.

말씀암송으로 얻은 은혜와 묵상

빌립보서 4:1-23*

믿는 자의 풍요

개역개정

10 내가 주 안에서 크게 기뻐함은 너희가 나를 생각하던
것이 이제 다시 싹이 남이니 너희가 또한 이를 위하여
생각은 하였으나 기회가 없었느니라
11 내가 궁핍하므로 말하는 것이 아니니라 어떠한 형편에
든지 나는 자족하기를 배웠노니
12 나는 비천에 처할 줄도 알고 풍부에 처할 줄도 알아 모
든 일 곧 배부름과 배고픔과 풍부와 궁핍에도 처할 줄
아는 일체의 비결을 배웠노라

새번역

10 나를 생각하는 마음이 여러분에게 지금 다시 일어난 것을 보고, 나는
주님 안에서 크게 기뻐하였습니다. 사실, 여러분은 나를 항상 생각하
고 있었지만, 그것을 나타낼 기회가 없었던 것입니다.
11 내가 궁핍해서 이렇게 말하는 것이 아닙니다. 나는 어떤 처지에서도
스스로 만족하는 법을 배웠습니다.
12 나는 비천하게 살 줄도 알고, 풍족하게 살 줄도 압니다. 배부르거나,
굶주리거나, 풍족하거나, 궁핍하거나, 그 어떤 경우에도 적응할 수 있
는 비결을 배웠습니다.

Philippians 4:1-23*

NIV

10 I rejoiced greatly in the Lord that at last you renewed
your concern for me. Indeed, you were concerned,
but you had no opportunity to show it.

11 I am not saying this because I am in need, for I have
learned to be content whatever the circumstances.

12 I know what it is to be in need, and I know what it
is to have plenty. I have learned the secret of being
content in any and every situation, whether well fed
or hungry, whether living in plenty or in want.

말씀암송으로 얻은 은혜와 묵상

빌립보서 4:1-23*

믿는 자의 능력

개역개정

13 내게 능력 주시는 자 안에서 내가 모든 것을 할 수 있느
니라
14 그러나 너희가 내 괴로움에 함께 참여하였으니 잘하였
도다
15 빌립보 사람들아 너희도 알거니와 복음의 시초에 내가
마게도냐를 떠날 때에 주고 받는 내 일에 참여한 교회
가 너희 외에 아무도 없었느니라
16 데살로니가에 있을 때에도 너희가 한 번뿐 아니라 두
번이나 나의 쓸 것을 보내었도다

새번역

13 나에게 능력을 주시는 분 안에서, 나는 모든 것을 할 수 있습니다.
14 그러나 여러분이 나의 고난에 동참한 것은 잘 한 일입니다.
15 빌립보의 교우 여러분, 여러분도 아는 바와 같이, 내가 복음을 전파하
던 초기에 마케도니아를 떠날 때에, 주고받는 일로 나에게 협력한 교
회는 여러분밖에 없습니다.
16 내가 데살로니가에 있을 때에도, 여러분은 내가 쓸 것을 몇 번 보내
어 주었습니다.

Philippians 4:1-23*

NIV 13 I can do all this through him who gives me strength.
14 Yet it was good of you to share in my troubles.
15 Moreover, as you Philippians know, in the early days
of your acquaintance with the gospel, when I set out
from Macedonia, not one church shared with me in
the matter of giving and receiving, except you only;
16 for even when I was in Thessalonica, you sent me
aid more than once when I was in need.

말씀암송으로 얻은 은혜와 묵상

빌립보서 4:1-23*

향기로운 제물

개역개정

17 내가 선물을 구함이 아니요 오직 너희에게 유익하도록
풍성한 열매를 구함이라

18 내게는 모든 것이 있고 또 풍부한지라 에바브로디도 편
에 너희가 준 것을 받으므로 내가 풍족하니 이는 받으실
만한 향기로운 제물이요 하나님을 기쁘시게 한 것이라

19 나의 하나님이 그리스도 예수 안에서 영광 가운데 그 풍
성한 대로 너희 모든 쓸 것을 채우시리라

20 하나님 곧 우리 아버지께 세세 무궁하도록 영광을 돌릴
지어다 아멘

새번역

17 나는 선물을 바라지 않습니다. 나는 여러분의 장부에 유익한 열매가
늘어나기를 바랍니다.

18 나는 모든 것을 받아서, 풍족하게 지내고 있습니다. 나는 여러분이 보
내 준 것을 에바브로디도로부터 받아서 풍족합니다. 그것은 아름다운
향기이며, 하나님께서 기쁘게 받으시는 제물입니다.

19 나의 하나님께서 자기의 풍성하심을 따라 그리스도 예수 안에 있는 영
광으로 여러분에게 필요한 것을 모두 채워 주실 것입니다.

20 하나님 우리 아버지께 영광이 영원히 있기를 빕니다. 아멘.

Philippians 4:1-23*

NIV

17 Not that I desire your gifts; what I desire is that
more be credited to your account.

18 I have received full payment and have more than
enough. I am amply supplied, now that I have
received from Epaphroditus the gifts you sent. They
are a fragrant offering, an acceptable sacrifice,
pleasing to God.

19 And my God will meet all your needs according to
the riches of his glory in Christ Jesus.

20 To our God and Father be glory for ever and ever.
Amen.

말씀암송으로 얻은 은혜와 묵상

빌립보서 4:1-23*

사랑의 문안

개역개정

21 그리스도 예수 안에 있는 성도에게 각각 문안하라 나와
함께 있는 형제들이 너희에게 문안하고
22 모든 성도들이 너희에게 문안하되 특히 가이사의 집 사
람들 중 몇이니라
23 주 예수 그리스도의 은혜가 너희 심령에 있을지어다

새번역

21 그리스도 예수 안에 있는 모든 성도에게 문안하십시오. 나와 함께 있는
교우들이 여러분에게 문안합니다.
22 모든 성도가 여러분에게 문안합니다. 특히 황제의 집안에 속한 사람들
이 여러분에게 문안합니다.
23 주 예수 그리스도의 은혜가 여러분의 심령과 함께 있기를 빕니다.

Philippians 4:1-23*

NIV

21 Greet all God's people in Christ Jesus. The brothers
and sisters who are with me send greetings.
22 All God's people here send you greetings,
especially those who belong to Caesar's household.
23 The grace of the Lord Jesus Christ be with your
spirit. Amen.

말씀암송으로 얻은 은혜와 묵상

시편 19:1-14*

하나님의 일하심

개역개정

1 하늘이 하나님의 영광을 선포하고 궁창이 그의 손으로 하
신 일을 나타내는도다
2 날은 날에게 말하고 밤은 밤에게 지식을 전하니
3 언어도 없고 말씀도 없으며 들리는 소리도 없으나
4 그의 소리가 온 땅에 통하고 그의 말씀이 세상 끝까지 이
르도다 하나님이 해를 위하여 하늘에 장막을 베푸셨도다

새번역

1 하늘은 하나님의 영광을 드러내고, 창공은 그의 솜씨를 알려 준다.
2 낮은 낮에게 말씀을 전해 주고, 밤은 밤에게 지식을 알려 준다.
3 그 이야기 그 말소리, 비록 아무 소리가 들리지 않아도
4 그 소리 온 누리에 울려 퍼지고, 그 말씀 세상 끝까지 번져 간다. 해에
게는, 하나님께서 하늘에 장막을 쳐 주시니,

Psalm 19:1-14*

NIV

1 The heavens declare the glory of God; the skies proclaim the work of his hands.

2 Day after day they pour forth speech; night after night they reveal knowledge.

3 They have no speech, they use no words; no sound is heard from them.

4 Yet their voice goes out into all the earth, their words to the ends of the world. In the heavens God has pitched a tent for the sun.

말씀암송으로 얻은 은혜와 묵상

시편 19:1-14*

말씀의 능력

개역개정

5 해는 그의 신방에서 나오는 신랑과 같고 그의 길을 달리
기 기뻐하는 장사 같아서
6 하늘 이 끝에서 나와서 하늘 저 끝까지 운행함이여 그의
열기에서 피할 자가 없도다
7 여호와의 율법은 완전하여 영혼을 소성시키며 여호와의
증거는 확실하여 우둔한 자를 지혜롭게 하며
8 여호와의 교훈은 정직하여 마음을 기쁘게 하고 여호와
의 계명은 순결하여 눈을 밝게 하시도다

새번역

5 해는 신방에서 나오는 신랑처럼 기뻐하고, 제 길을 달리는 용사처럼
즐거워한다.
6 하늘 이 끝에서 나와서 하늘 저 끝으로 돌아가니, 그 뜨거움을 피할
자 없다.
7 주님의 교훈은 완전하여서 사람에게 생기를 북돋우어 주고, 주님의 증
거는 참되어서 어리석은 자를 깨우쳐 준다.
8 주님의 교훈은 정직하여서 마음에 기쁨을 안겨 주고, 주님의 계명은 순
수하여서 사람의 눈을 밝혀 준다.

Psalm 19:1-14*

NIV

5 It is like a bridegroom coming out of his chamber,
like a champion rejoicing to run his course.

6 It rises at one end of the heavens and makes its
circuit to the other; nothing is deprived of its
warmth.

7 The law of the Lord is perfect, refreshing the soul.
The statutes of the Lord are trustworthy, making
wise the simple.

8 The precepts of the Lord are right, giving joy to the
heart. The commands of the Lord are radiant, giving
light to the eyes.

말씀암송으로 얻은 은혜와 묵상

시편 19:1-14*

보배로운 말씀

개역개정

9 여호와를 경외하는 도는 정결하여 영원까지 이르고
여호와의 법도 진실하여 다 의로우니
10 금 곧 많은 순금보다 더 사모할 것이며 꿀과 송이꿀
보다 더 달도다
11 또 주의 종이 이것으로 경고를 받고 이것을 지킴으
로 상이 크니이다
12 자기 허물을 능히 깨달을 자 누구리요 나를 숨은 허
물에서 벗어나게 하소서

새번역

9 주님의 말씀은 티 없이 맑아서 영원토록 견고히 서 있으며, 주님의 법
규는 참되어서 한결같이 바르다.
10 주님의 교훈은 금보다, 순금보다 더 탐스럽고, 꿀보다, 송이꿀보다
더 달콤하다.
11 그러므로 주님의 종이 그 교훈으로 경고를 받고, 그것을 지키면, 푸짐
한 상을 받을 것이다.
12 그러나 어느 누가 자기 잘못을 낱낱이 알겠습니까? 미처 깨닫지 못한
죄까지도 깨끗하게 씻어 주십시오.

Psalm 19:1-14*

NIV

9 The fear of the Lord is pure, enduring forever. The
decrees of the Lord are firm, and all of them are
righteous.
10 They are more precious than gold, than much pure
gold; they are sweeter than honey, than honey from
the honeycomb.
11 By them your servant is warned; in keeping them
there is great reward.
12 But who can discern their own errors? Forgive my
hidden faults.

말씀암송으로 얻은 은혜와 묵상

시편 19:1-14*

성도의 기원

개역개정

13 또 주의 종에게 고의로 죄를 짓지 말게 하사 그 죄가 나
를 주장하지 못하게 하소서 그리하면 내가 정직하여 큰
죄과에서 벗어나겠나이다
14 나의 반석이시요 나의 구속자이신 여호와여 내 입의 말
과 마음의 묵상이 주님 앞에 열납되기를 원하나이다

새번역

13 주님의 종이 죄인 줄 알면서도 고의로 죄를 짓지 않도록 막아 주셔
서 죄의 손아귀에 다시는 잡히지 않게 지켜 주십시오. 그 때에야 나
는 온전하게 되어서, 모든 끔찍한 죄악을 벗어 버릴 수 있을 것입니다.
14 나의 반석이시요 구원자이신 주님, 내 입의 말과 내 마음의 생각이 언
제나 주님의 마음에 들기를 바랍니다.

Psalm 19:1-14*

NIV

13 Keep your servant also from willful sins; may they
not rule over me. Then I will be blameless, innocent
of great transgression.

14 May these words of my mouth and this meditation
of my heart be pleasing in your sight, Lord, my
Rock and my Redeemer.

말씀암송으로 얻은 은혜와 묵상

마태복음 28:16-20*

예수의 전도 명령 1

개역개정

16 열한 제자가 갈릴리에 가서 예수께서 지시하신 산에 이르러

17 예수를 뵈옵고 경배하나 아직도 의심하는 사람들이 있더라

18 예수께서 나아와 말씀하여 이르시되 하늘과 땅의 모든 권세를 내게 주셨으니

19 그러므로 너희는 가서 모든 민족을 제자로 삼아 아버지와 아들과 성령의 이름으로 세례를 베풀고

20 내가 너희에게 분부한 모든 것을 가르쳐 지키게 하라 볼지어다 내가 세상 끝날까지 너희와 항상 함께 있으리라 하시니라

새번역

16 열한 제자가 갈릴리로 가서, 예수께서 일러주신 산에 이르렀다.

17 그들은 예수를 뵙고, 절을 하였다. 그러나 의심하는 사람들도 있었다.

18 예수께서 다가와서, 그들에게 말씀하셨다. "나는 하늘과 땅의 모든 권세를 받았다.

19 그러므로 너희는 가서, 모든 민족을 제자로 삼아서, 아버지와 아들과 성령의 이름으로 세례를 주고,

20 내가 너희에게 명령한 모든 것을 그들에게 가르쳐 지키게 하여라. 보아라, 내가 세상 끝 날까지 항상 너희와 함께 있을 것이다."

Matthew 28:16-20*

NIV

16 Then the eleven disciples went to Galilee, to the mountain where Jesus had told them to go.

17 When they saw him, they worshiped him; but some doubted.

18 Then Jesus came to them and said, "All authority in heaven and on earth has been given to me.

19 Therefore go and make disciples of all nations, baptizing them in the name of the Father and of the Son and of the Holy Spirit,

20 and teaching them to obey everything I have commanded you. And surely I am with you always, to the very end of the age."

말씀암송으로 얻은 은혜와 묵상

마가복음 16:14-20*

예수의 전도 명령 2

개역개정

14 그 후에 열한 제자가 음식 먹을 때에 예수께서 그들에
게 나타나사 그들의 믿음 없는 것과 마음이 완악한 것
을 꾸짖으시니 이는 자기가 살아난 것을 본 자들의 말
을 믿지 아니함일러라

15 또 이르시되 너희는 온 천하에 다니며 만민에게 복음을
전파하라

16 믿고 세례를 받는 사람은 구원을 얻을 것이요 믿지 않
는 사람은 정죄를 받으리라

새번역

14 그 뒤에 열한 제자가 음식을 먹을 때에, 예수께서는 그들에게 나타나
셔서, 그들이 믿음이 없고 마음이 무딘 것을 꾸짖으셨다. 그들이, 자기
가 살아난 것을 본 사람들의 말을 믿지 않았기 때문이다.

15 또 예수께서 그들에게 말씀하셨다. "너희는 온 세상에 나가서, 만민에
게 복음을 전파하여라.

16 믿고 세례를 받는 사람은 구원을 얻을 것이요, 믿지 않는 사람은 정
죄를 받을 것이다.

Mark 16:14-20*

NIV

14 Later Jesus appeared to the Eleven as they were
eating; he rebuked them for their lack of faith and
their stubborn refusal to believe those who had seen
him after he had risen.

15 He said to them, "Go into all the world and preach
the gospel to all creation.

16 Whoever believes and is baptized will be saved, but
whoever does not believe will be condemned.

말씀암송으로 얻은 은혜와 묵상

마가복음 16:14-20*

전도자의 능력

개역개정

17 믿는 자들에게는 이런 표적이 따르리니 곧 그들이 내 이
름으로 귀신을 쫓아내며 새 방언을 말하며
18 뱀을 집어올리며 무슨 독을 마실지라도 해를 받지 아니
하며 병든 사람에게 손을 얹은즉 나으리라 하시더라
19 주 예수께서 말씀을 마치신 후에 하늘로 올려지사 하나
님 우편에 앉으시니라
20 제자들이 나가 두루 전파할새 주께서 함께 역사하사 그
따르는 표적으로 말씀을 확실히 증언하시니라

새번역

17 믿는 사람들에게는 이런 표징들이 따를 터인데, 곧 그들은 내 이름으
로 귀신을 쫓아내며, 새 방언으로 말하며,
18 손으로 뱀을 집어들며, 독약을 마실지라도 절대로 해를 입지 않으며,
아픈 사람들에게 손을 얹으면 나을 것이다."
19 주 예수께서 그들에게 말씀하신 뒤에, 하늘로 들려 올라가셔서, 하나
님의 오른쪽에 앉으셨다.
20 그들은 나가서, 곳곳에서 복음을 전파하였다. 주님께서 그들과 함께
일하시고, 여러 가지 표징이 따르게 하셔서, 말씀을 확증하여 주셨다.

Mark 16:14-20*

NIV

17 And these signs will accompany those who believe:
In my name they will drive out demons; they will
speak in new tongues;

18 they will pick up snakes with their hands; and when
they drink deadly poison, it will not hurt them at
all; they will place their hands on sick people, and
they will get well."

19 After the Lord Jesus had spoken to them, he was
taken up into heaven and he sat at the right hand of
God.

20 Then the disciples went out and preached everywhere,
and the Lord worked with them and confirmed his
word by the signs that accompanied it.

말씀암송으로 얻은 은혜와 묵상

시편 42:1-5

목마른 사슴처럼

개역개정

1 하나님이여 사슴이 시냇물을 찾기에 갈급함 같이 내 영
혼이 주를 찾기에 갈급하니이다
2 내 영혼이 하나님 곧 살아 계시는 하나님을 갈망하나니
내가 어느 때에 나아가서 하나님의 얼굴을 뵈올까
3 사람들이 종일 내게 하는 말이 네 하나님이 어디 있느뇨
하오니 내 눈물이 주야로 내 음식이 되었도다

새번역

1 하나님, 사슴이 시냇물 바닥에서 물을 찾아 헐떡이듯이, 내 영혼이 주
님을 찾아 헐떡입니다.
2 내 영혼이 하나님, 곧 살아 계신 하나님을 갈망하니, 내가 언제 하나님
께로 나아가 그 얼굴을 뵈올 수 있을까?
3 사람들은 날이면 날마다 나를 보고 "너의 하나님이 어디 있느냐?" 하고
비웃으니, 밤낮으로 흘리는 눈물이 나의 음식이 되었구나.

Psalm 42:1-5

NIV

1 As the deer pants for streams of water, so my soul
pants for you, my God.
2 My soul thirsts for God, for the living God. When
can I go and meet with God?
3 My tears have been my food day and night, while
people say to me all day long, "Where is your
God?"

말씀암송으로 얻은 은혜와 묵상

시편 42:1-5

하나님을 바라라

개역개정

4 내가 전에 성일을 지키는 무리와 동행하여 기쁨과 감사
의 소리를 내며 그들을 하나님의 집으로 인도하였더니
이제 이 일을 기억하고 내 마음이 상하는도다
5 내 영혼아 네가 어찌하여 낙심하며 어찌하여 내 속에서
불안해 하는가 너는 하나님께 소망을 두라 그가 나타나
도우심으로 말미암아 내가 여전히 찬송하리로다

새번역

4 기쁜 감사의 노래 소리와 축제의 함성과 함께 내가 무리들을 하나님의
집으로 인도하면서 그 장막으로 들어가곤 했던 일들을 지금 내가 기억
하고 내 가슴이 미어지는구나.
5 내 영혼아, 네가 어찌하여 그렇게 낙심하며, 어찌하여 그렇게 괴로워하
느냐? 너는 하나님을 기다려라. 이제 내가, 나의 구원자, 나의 하나님
을, 또다시 찬양하련다.

Psalm 42:1-5

NIV

4 These things I remember as I pour out my soul: how
I used to go to the house of God under the protection
of the Mighty One with shouts of joy and praise
among the festive throng.
5 Why, my soul, are you downcast? Why so disturbed
within me? Put your hope in God, for I will yet
praise him, my Savior and my God.

말씀암송으로 얻은 은혜와 묵상

말라기서 4:1-6*

치료하는 광선

개역개정

1 만군의 여호와가 이르노라 보라 용광로 불 같은 날이 이
르리니 교만한 자와 악을 행하는 자는 다 지푸라기 같을
것이라 그 이르는 날에 그들을 살라 그 뿌리와 가지를
남기지 아니할 것이로되
2 내 이름을 경외하는 너희에게는 공의로운 해가 떠올라
서 치료하는 광선을 비추리니 너희가 나가서 외양간에
서 나온 송아지 같이 뛰리라
3 또 너희가 악인을 밟을 것이니 그들이 내가 정한 날에
너희 발바닥 밑에 재와 같으리라 만군의 여호와의 말이
니라

새번역

1 "나 만군의 주가 말한다. 용광로의 불길같이, 모든 것을 살라 버릴 날
이 온다. 모든 교만한 자와 악한 일을 하는 자가 지푸라기같이 타 버
릴 것이다. 그 날이 오면, 불이 그들을 살라서, 그 뿌리와 가지를 남김
없이 태울 것이다.
2 그러나 내 이름을 경외하는 너희에게는, 의로운 해가 떠올라서 치료
하는 광선을 발할 것이니 너희는 외양간에서 풀려 난 송아지처럼 뛰
어다닐 것이다.
3 내가 이 일을 이루는 그 날에, 악한 자들은 너희 발바닥 밑에서 재와 같
이 될 것이니, 너희가 그들을 짓밟을 것이다. 나 만군의 주가 말한다.

Malachi 4:1-6*

NIV

1 “Surely the day is coming; it will burn like a
furnace. All the arrogant and every evildoer will be
stubble, and the day that is coming will set them
on fire,” says the Lord Almighty. “Not a root or a
branch will be left to them.

2 But for you who revere my name, the sun of
righteousness will rise with healing in its rays. And
you will go out and frolic like well-fed calves.

3 Then you will trample on the wicked; they will be
ashes under the soles of your feet on the day when I
act,” says the Lord Almighty.

말씀암송으로 얻은 은혜와 묵상

말라기서 4:1-6*

율례와 법도를 기억하라

개역개정

4 너희는 내가 호렙에서 온 이스라엘을 위하여 내 종 모세에
게 명령한 법 곧 율례와 법도를 기억하라

5 보라 여호와의 크고 두려운 날이 이르기 전에 내가 선지자
엘리야를 너희에게 보내리니

6 그가 아버지의 마음을 자녀에게로 돌이키게 하고 자녀들의
마음을 그들의 아버지에게로 돌이키게 하리라 돌이키지 아
니하면 두렵건대 내가 와서 저주로 그 땅을 칠까 하노라 하
시니라

새번역

4 너희는 율법, 곧 율례와 법도를 기억하여라. 그것은 내가 호렙 산에서
내 종 모세를 시켜서, 온 이스라엘이 지키도록 이른 것이다.

5 주의 크고 두려운 날이 이르기 전에, 내가 너희에게 엘리야 예언자
를 보내겠다.

6 그가 아버지의 마음을 자녀에게로 돌이키고, 자녀의 마음을 아버지
에게로 돌이킬 것이다. 돌이키지 아니하면, 내가 가서 이 땅에 저주
를 내리겠다."

Malachi 4:1-6*

NIV

4 "Remember the law of my servant Moses, the
decrees and laws I gave him at Horeb for all Israel.

5 "See, I will send the prophet Elijah to you before
that great and dreadful day of the Lord comes.

6 He will turn the hearts of the parents to their
children, and the hearts of the children to their
parents; or else I will come and strike the land with
total destruction."

말씀암송으로 얻은 은혜와 묵상

마태복음 10:16

전도의 지혜

개역개정

16 보라 내가 너희를 보냄이 양을 이리 가운데로 보냄과 같
도다 그러므로 너희는 뱀 같이 지혜롭고 비둘기 같이 순
결하라

새번역

16 보아라, 내가 너희를 내보내는 것이, 마치 양을 이리 떼 가운데로 보
내는 것과 같다. 그러므로 너희는 뱀과 같이 슬기롭고, 비둘기와 같
이 순진해져라.

Matthew 10:16

NIV

16 I am sending you out like sheep among wolves.
Therefore be as shrewd as snakes and as innocent
as doves.

말씀암송으로 얻은 은혜와 묵상

누가복음 10:17-24

전도자에게 주시는 권세

개역개정

17 칠십 인이 기뻐하며 돌아와 이르되 주여 주의 이름이면
귀신들도 우리에게 항복하더이다
18 예수께서 이르시되 사탄이 하늘로부터 번개 같이 떨어
지는 것을 내가 보았노라
19 내가 너희에게 뱀과 전갈을 밟으며 원수의 모든 능력
을 제어할 권능을 주었으니 너희를 해칠 자가 결코 없
으리라

새번역

17 일흔[두] 사람이 기쁨에 차서, 돌아와 보고하였다. "주님, 주님의 이름
을 대면, 귀신들까지도 우리에게 복종합니다."
18 예수께서 그들에게 말씀하셨다. "사탄이 하늘에서 번갯불처럼 떨어지
는 것을 내가 보았다.
19 보아라, 내가 너희에게 뱀과 전갈을 밟고, 원수의 모든 세력을 누를 권
세를 주었으니, 아무것도 너희를 해하지 못할 것이다.

Luke 10:17-24

NIV

17 The seventy-two returned with joy and said, "Lord,
even the demons submit to us in your name."
18 He replied, "I saw Satan fall like lightning from
heaven.
19 I have given you authority to trample on snakes
and scorpions and to overcome all the power of the
enemy; nothing will harm you.

말씀암송으로 얻은 은혜와 묵상

누가복음 10:17-24

예수님의 기뻐하심

개역개정

20 그러나 귀신들이 너희에게 항복하는 것으로 기뻐하지
말고 너희 이름이 하늘에 기록된 것으로 기뻐하라 하시
니라

21 그 때에 예수께서 성령으로 기뻐하시며 이르시되 천지
의 주재이신 아버지여 이것을 지혜롭고 슬기 있는 자들
에게는 숨기시고 어린 아이들에게는 나타내심을 감사하
나이다 옳소이다 이렇게 된 것이 아버지의 뜻이니이다

새번역

20 그러나 귀신들이 너희에게 굴복한다고 해서 기뻐하지 말고, 너희의 이
름이 하늘에 기록된 것을 기뻐하여라."

21 그 때에 예수께서 성령으로 기쁨에 차서 이렇게 아뢰었다. "하늘과 땅
의 주님이신 아버지, 이 일을 지혜 있는 사람들과 똑똑한 사람들에게
는 감추시고, 철부지 어린 아이들에게는 드러내 주셨으니, 감사합니
다. 그렇습니다, 아버지! 이것이 아버지의 은혜로우신 뜻입니다.

Luke 10:17-24

NIV

20 However, do not rejoice that the spirits submit
to you, but rejoice that your names are written in
heaven."

21 At that time Jesus, full of joy through the Holy
Spirit, said, "I praise you, Father, Lord of heaven
and earth, because you have hidden these things
from the wise and learned, and revealed them to
little children. Yes, Father, for this is what you were
pleased to do.

말씀암송으로 얻은 은혜와 묵상

누가복음 10:17-24

복 있는 눈과 귀

개역개정

22 내 아버지께서 모든 것을 내게 주셨으니 아버지 외에
는 아들이 누구인지 아는 자가 없고 아들과 또 아들의
소원대로 계시를 받는 자 외에는 아버지가 누구인지
아는 자가 없나이다 하시고
23 제자들을 돌아 보시며 조용히 이르시되 너희가 보는
것을 보는 눈은 복이 있도다
24 내가 너희에게 말하노니 많은 선지자와 임금이 너희가
보는 바를 보고자 하였으되 보지 못하였으며 너희가
듣는 바를 듣고자 하였으되 듣지 못하였느니라

새번역

22 아버지께서 모든 것을 내게 맡겨 주셨습니다. 아버지 밖에는 아들이
누구인지 아는 사람이 없습니다. 또 아들 밖에는, 그리고 아버지를 계
시하여 주려고 아들이 택한 사람 밖에는, 아버지가 누구인지 아는 사
람이 없습니다."
23 예수께서 제자들에게 돌아서서 따로 말씀하셨다. "너희가 보고 있는
것을 보는 눈은, 복이 있다.
24 내가 너희에게 말한다. 많은 예언자와 왕이 너희가 지금 보고 있는 것
을 보고자 하였으나 보지 못하였고, 너희가 지금 듣고 있는 것을 듣고
자 하였으나 듣지 못하였다."

Luke 10:17-24

NIV

22 "All things have been committed to me by my
Father. No one knows who the Son is except the
Father, and no one knows who the Father is except
the Son and those to whom the Son chooses to
reveal him."
23 Then he turned to his disciples and said privately,
"Blessed are the eyes that see what you see.
24 For I tell you that many prophets and kings wanted
to see what you see but did not see it, and to hear
what you hear but did not hear it."

말씀암송으로 얻은 은혜와 묵상

시편 128:1-6*

복된 가정

개역개정

1 여호와를 경외하며 그의 길을 걷는 자마다 복이 있도다
2 네가 네 손이 수고한 대로 먹을 것이라 네가 복되고 형
통하리로다
3 네 집 안방에 있는 네 아내는 결실한 포도나무 같으며 네
식탁에 둘러 앉은 자식들은 어린 감람나무 같으리로다

새번역

1 주님을 경외하며, 주님의 명에 따라 사는 사람은, 그 어느 누구나 복
을 받는다.
2 네 손으로 일한 만큼 네가 먹으니, 이것이 복이요, 은혜이다.
3 네 집 안방에 있는 네 아내는 열매를 많이 맺는 포도나무와 같고, 네 상
에 둘러앉은 네 아이들은 올리브 나무의 묘목과도 같다.

Psalm 128:1-6*

NIV

1 Blessed are all who fear the Lord, who walk in
obedience to him.
2 You will eat the fruit of your labor; blessings and
prosperity will be yours.
3 Your wife will be like a fruitful vine within your
house; your children will be like olive shoots around
your table.

말씀암송으로 얻은 은혜와 묵상

시편 128:1-6*

신령한 복

개역개정

4 여호와를 경외하는 자는 이같이 복을 얻으리로다
5 여호와께서 시온에서 네게 복을 주실지어다 너는 평생
에 예루살렘의 번영을 보며
6 네 자식의 자식을 볼지어다 이스라엘에게 평강이 있을
지로다

새번역

4 주님을 경외하는 사람은 이와 같이 복을 받는다.
5 주님께서 시온에서 너에게 복을 내리시기를 빈다. 평생토록 너는, 예루
살렘이 받은 은총을 보면서 살게 될 것이다.
6 아들딸 손자손녀 보면서 오래오래 살 것이다. 이스라엘에 평화가 깃
들기를!

Psalm 128:1-6*

NIV

4 Yes, this will be the blessing for the man who fears
the Lord.
5 May the Lord bless you from Zion; may you see the
prosperity of Jerusalem all the days of your life.
6 May you live to see your children's children—
peace be on Israel.

말씀암송으로 얻은 은혜와 묵상

시편 103:1-5

내 영혼아 여호와를 송축하라

개역개정

1 내 영혼아 여호와를 송축하라 내 속에 있는 것들아 다
그의 거룩한 이름을 송축하라
2 내 영혼아 여호와를 송축하며 그의 모든 은택을 잊지 말
지어다
3 그가 네 모든 죄악을 사하시며 네 모든 병을 고치시며
4 네 생명을 파멸에서 속량하시고 인자와 긍휼로 관을 씌
우시며
5 좋은 것으로 네 소원을 만족하게 하사 네 청춘을 독수리
같이 새롭게 하시는도다

새번역

1 내 영혼아, 주님을 찬송하여라. 마음을 다하여 그 거룩하신 이름을 찬
송하여라.
2 내 영혼아, 주님을 찬송하여라. 주님이 베푸신 모든 은혜를 잊지 말
아라.
3 주님은 너의 모든 죄를 용서해 주시는 분, 모든 병을 고쳐 주시는 분,
4 생명을 파멸에서 속량해 주시는 분, 사랑과 자비로 단장하여 주시는 분,
5 평생을 좋은 것으로 흡족히 채워 주시는 분, 네 젊음을 독수리처럼 늘
새롭게 해 주시는 분이시다.

Psalm 103:1-5

NIV

1 Praise the Lord, my soul; all my inmost being,
praise his holy name.

2 Praise the Lord, my soul, and forget not all his
benefits—

3 who forgives all your sins and heals all your
diseases,

4 who redeems your life from the pit and crowns you
with love and compassion,

5 who satisfies your desires with good things so that
your youth is renewed like the eagle's.

말씀암송으로 얻은 은혜와 묵상

로마서 5:1-11

환난 중에도 즐거워하는 믿음

개역개정

1 그러므로 우리가 믿음으로 의롭다 하심을 받았으니 우리
주 예수 그리스도로 말미암아 하나님과 화평을 누리자
2 또한 그로 말미암아 우리가 믿음으로 서 있는 이 은혜에
들어감을 얻었으며 하나님의 영광을 바라고 즐거워하느
니라
3 다만 이뿐 아니라 우리가 환난 중에도 즐거워하나니 이
는 환난은 인내를,
4 인내는 연단을, 연단은 소망을 이루는 줄 앎이로다

새번역

1 그러므로 우리는 믿음으로 의롭다 하심을 받았으므로, 우리 주 예수
그리스도로 말미암아 하나님과 더불어 평화를 누리고 있습니다.
2 우리는 또한, 그리스도로 말미암아 지금 서 있는 이 은혜의 자리에
[믿음으로] 나아오게 되었으며, 하나님의 영광에 이르게 될 소망을 품
고 자랑을 합니다.
3 그뿐만 아니라, 우리는 환난을 자랑합니다. 우리가 알기로, 환난은 인
내력을 낳고,
4 인내력은 단련된 인격을 낳고, 단련된 인격은 희망을 낳는 줄을 알고
있기 때문입니다.

Romans 5:1-11

NIV

1 Therefore, since we have been justified through
faith, we have peace with God through our Lord
Jesus Christ,

2 through whom we have gained access by faith into
this grace in which we now stand. And we boast in
the hope of the glory of God.

3 Not only so, but we also glory in our sufferings,
because we know that suffering produces perseve-
rance;

4 perseverance, character; and character, hope.

말씀암송으로 얻은 은혜와 묵상

로마서 5:1-11

우리가 아직 죄인 되었을 때에

개역개정

5 소망이 우리를 부끄럽게 하지 아니함은 우리에게 주신
성령으로 말미암아 하나님의 사랑이 우리 마음에 부은
바 됨이니

6 우리가 아직 연약할 때에 기약대로 그리스도께서 경건
하지 않은 자를 위하여 죽으셨도다

7 의인을 위하여 죽는 자가 쉽지 않고 선인을 위하여 용감
히 죽는 자가 혹 있거니와

8 우리가 아직 죄인 되었을 때에 그리스도께서 우리를 위
하여 죽으심으로 하나님께서 우리에 대한 자기의 사랑
을 확증하셨느니라

새번역

5 이 희망은 우리를 실망시키지 않습니다. 하나님께서 우리에게 주신
성령을 통하여 그의 사랑을 우리 마음 속에 부어 주셨기 때문입니다.

6 우리가 아직 약할 때에, 그리스도께서는 제 때에, 경건하지 않은 사람
을 위하여 죽으셨습니다.

7 의인을 위해서라도 죽을 사람은 거의 없습니다. 더욱이 선한 사람을
위해서라도 감히 죽을 사람은 드뭅니다.

8 그러나 우리가 아직 죄인이었을 때에, 그리스도께서 우리를 위하여
죽으셨습니다. 이리하여 하나님께서는 우리들에 대한 자기의 사랑을
실증하셨습니다.

Romans 5:1-11

NIV

5 And hope does not put us to shame, because God's
love has been poured out into our hearts through the
Holy Spirit, who has been given to us.

6 You see, at just the right time, when we were still
powerless, Christ died for the ungodly.

7 Very rarely will anyone die for a righteous person,
though for a good person someone might possibly
dare to die.

8 But God demonstrates his own love for us in this:
While we were still sinners, Christ died for us.

말씀암송으로 얻은 은혜와 묵상

로마서 5:1-11

구원의 즐거움

개역개정

9 그러면 이제 우리가 그의 피로 말미암아 의롭다 하심을
받았으니 더욱 그로 말미암아 진노하심에서 구원을 받
을 것이니

10 곧 우리가 원수 되었을 때에 그의 아들의 죽으심으로 말
미암아 하나님과 화목하게 되었은즉 화목하게 된 자로
서는 더욱 그의 살아나심으로 말미암아 구원을 받을 것
이니라

11 그뿐 아니라 이제 우리로 화목하게 하신 우리 주 예수
그리스도로 말미암아 하나님 안에서 또한 즐거워하느
니라

새번역

9 그러므로 지금 우리가 그리스도의 피로 의롭게 되었으니, 그리스도로
말미암아 하나님의 진노에서 구원을 얻으리라는 것은 더욱 확실합니다.

10 우리가 하나님의 원수일 때에도 하나님의 아들의 죽으심으로 말미암
아 하나님과 화해하게 되었다면, 화해한 우리가 하나님의 생명으로
구원을 얻으리라는 것은 더욱더 확실한 일입니다.

11 그뿐만 아니라, 우리는 또한 우리 주 예수 그리스도로 말미암아 하나
님을 자랑합니다. 우리는 지금 그로 말미암아 하나님과 화해를 하게
된 것입니다.

Romans 5:1-11

NIV

9 Since we have now been justified by his blood, how
much more shall we be saved from God's wrath
through him!

10 For if, while we were God's enemies, we were
reconciled to him through the death of his Son, how
much more, having been reconciled, shall we be
saved through his life!

11 Not only is this so, but we also boast in God through
our Lord Jesus Christ, through whom we have now
received reconciliation.

말씀암송으로 얻은 은혜와 묵상

시편 121:1-8*

나의 도움은 오직 여호와

개역개정

1 내가 산을 향하여 눈을 들리라 나의 도움이 어디서 올까
2 나의 도움은 천지를 지으신 여호와에게서로다
3 여호와께서 너를 실족하지 아니하게 하시며 너를 지키
시는 이가 졸지 아니하시리로다
4 이스라엘을 지키시는 이는 졸지도 아니하시고 주무시지
도 아니하시리로다

새번역

1 내가 눈을 들어 산을 본다. 내 도움이 어디에서 오는가?
2 내 도움은 하늘과 땅을 만드신 주님에게서 온다.
3 주님께서는, 네가 헛발을 디디지 않게 지켜 주신다. 너를 지키시느라
졸지도 않으신다.
4 이스라엘을 지키시는 분은, 졸지도 않으시고, 주무시지도 않으신다.

Psalm 121:1-8*

NIV
1 I lift up my eyes to the mountains— where does my help come from?

2 My help comes from the Lord, the Maker of heaven and earth.

3 He will not let your foot slip— he who watches over you will not slumber;

4 indeed, he who watches over Israel will neither slumber nor sleep.

말씀암송으로 얻은 은혜와 묵상

시편 121:1-8*

여호와는 너를 지키시는 자라

개역개정

5 여호와는 너를 지키시는 이시라 여호와께서 네 오른쪽
에서 네 그늘이 되시나니
6 낮의 해가 너를 상하게 하지 아니하며 밤의 달도 너를
해치지 아니하리로다
7 여호와께서 너를 지켜 모든 환난을 면하게 하시며 또 네
영혼을 지키시리로다
8 여호와께서 너의 출입을 지금부터 영원까지 지키시리로다

새번역

5 주님은 너를 지키시는 분, 주님은 네 오른쪽에 서서, 너를 보호하는 그
늘이 되어 주시니,
6 낮의 햇빛도 너를 해치지 못하며, 밤의 달빛도 너를 해치지 못할 것
이다.
7 주님께서 너를 모든 재난에서 지켜 주시며, 네 생명을 지켜 주실 것
이다.
8 주님께서는, 네가 나갈 때나 들어올 때나, 이제부터 영원까지 지켜 주
실 것이다.

Psalm 121:1-8*

NIV

5 The Lord watches over you— the Lord is your
shade at your right hand;
6 the sun will not harm you by day, nor the moon by
night.
7 The Lord will keep you from all harm— he will
watch over your life;
8 the Lord will watch over your coming and going
both now and forevermore.

말씀암송으로 얻은 은혜와 묵상

시편 119:97

말씀 사랑

개역개정

97 내가 주의 법을 어찌 그리 사랑하는지요 내가 그것을
종일 작은 소리로 읊조리나이다

새번역

97 내가 주님의 법을 얼마나 사랑하는지, 온종일 그것만을 깊이 생각합
니다.

Psalm 119:97

NIV 97 Oh, how I love your law! I meditate on it all day
long.

말씀암송으로 얻은 은혜와 묵상

제3단계 과정을 마치면서

제3단계는 은혜 중심의 서신서와 시편 및 전도와 복음의 비밀에 관한 말씀으로 엮었다.

옥중서신 중 바울의 뜨거운 사랑이 담긴 빌립보서 4장으로부터 시작하여 주의 법을 사랑하여 종일 묵상하노라는 고백의 시편 119편 97절 말씀으로 3단계 100절을 마감하였다.

시편 19편 전편, 42편 1-5절, 128편 전편, 103편 1-5절, 121편 전편, 119편 97절은 한결같이 은혜 충만한 찬양과 기도의 찬미시들이며, 구약의 마지막 성경인 말라기서의 마지막 장과 예수님의 마지막 전도 명령인 마태복음 10장 16절, 누가복음 10장 17-24절에 이어 복음의 핵심 비밀인 로마서 5장 1-11절을 고루 담았다.

나는 빌립보서 4장을 비교적 자주 암송 묵상하면서 많은 은혜와 지혜를 얻는다.

"그러므로 나의 사랑하고 사모하는 형제들, 나의 기쁨이요 면류관인 사랑하는 자들아 이와 같이 주 안에 서라"는 말씀부터 따뜻하고 진실하고 가슴 깊은 곳에서 우러나는 사랑이 배어 나온다.

오직 주님을 향한 일편단심으로 추운 지하 감방에서 병약하여진 몸을 지탱하면서 빌립보 성도들을 향하여 격려하는 노전도자의 지

극한 사랑이 피부로 느껴진다.

주 안에서 항상 기뻐하라 내가 다시 말하노니 기뻐하라 _빌 4:4

아무 것도 염려하지 말고 다만 모든 일에 기도와 간구로, 너희 구할 것을 감사함으로 하나님께 아뢰라 그리하면 모든 지각에 뛰어난 하나님의 평강이 그리스도 예수 안에서 너희 마음과 생각을 지키시리라

_빌 4:6,7

너희는 내게 배우고 받고 듣고 본 바를 행하라 그리하면 평강의 하나님이 너희와 함께 계시리라 _빌 4:9

'… 받고'는 무엇을 뜻할까? 바울의 사랑이리라. 나는 이 말씀을 바울의 지도자론의 함축이라 받아들인다.

내게 능력 주시는 자 안에서 내가 모든 것을 할 수 있느니라 _빌 4:13

이 말씀은 12절 말씀과 함께 묵상할 때 비로소 사도 바울의 성도들을 향한 뜻을 보다 정확히 이해할 수 있다고 본다.

마지막을 장식한 시편 119편 97절 말씀이야말로 말씀암송의 극치다.

"내가 주의 법을 어찌 그리 사랑하는지요 내가 그것을 종일 작은

소리로 읊조리나이다"

암송이 다는 아니다. 그러나 암송하지 못한 말씀을 종일 묵상한다는 것은 거짓이다. 또한 묵상이 다는 아니다. 말씀의 생활화가 우리의 궁극적 목표다.

말씀을 많이 암송하는 것이 다는 아니다. 그러나 말씀을 많이 암송하고 많이 묵상할수록 지혜와 은혜를 넘치게 주신다.

사모하는 마음으로 말씀을 암송하고 주야로 묵상하는 사람에게 하나님은 넘치는 기쁨과 평강과 지혜를 주신다.

그러나 그에 앞서 성령으로 충만케 하사 새사람으로 바꾸어주신다.

303비전 성경암송노트

유니게 과정 제4단계

갈라디아서 5:1-26*

종의 멍에를 메지 말라

개역개정

1 그리스도께서 우리를 자유롭게 하려고 자유를 주셨으니
그러므로 굳건하게 서서 다시는 종의 멍에를 메지 말라
2 보라 나 바울은 너희에게 말하노니 너희가 만일 할례를
받으면 그리스도께서 너희에게 아무 유익이 없으리라
3 내가 할례를 받는 각 사람에게 다시 증언하노니 그는 율
법 전체를 행할 의무를 가진 자라
4 율법 안에서 의롭다 함을 얻으려 하는 너희는 그리스도
에게서 끊어지고 은혜에서 떨어진 자로다

새번역

1 그리스도께서 우리를 해방시켜 주셔서, 자유를 누리게 하셨습니다. 그
러므로 굳게 서서, 다시는 종살이의 멍에를 메지 마십시오.
2 나 바울이 여러분에게 말합니다. 여러분이 할례를 받으면, 그리스도는
여러분에게 아무런 유익이 없습니다.
3 내가 할례를 받는 모든 사람에게 다시 증언합니다. 그런 사람은 율법
전체를 이행해야 할 의무를 지닙니다.
4 율법으로 의롭게 되려고 하는 사람은 그리스도에게서 끊어지고, 은혜
에서 떨어져 나간 사람입니다.

Galatians 5:1-26*

NIV

1 It is for freedom that Christ has set us free. Stand
firm, then, and do not let yourselves be burdened
again by a yoke of slavery.

2 Mark my words! I, Paul, tell you that if you let
yourselves be circumcised, Christ will be of no
value to you at all.

3 Again I declare to every man who lets himself be
circumcised that he is obligated to obey the whole law.

4 You who are trying to be justified by the law have
been alienated from Christ; you have fallen away
from grace.

말씀암송으로 얻은 은혜와 묵상

갈라디아서 5:1-26*

사랑으로 역사하시는 믿음

개역개정

5 우리가 성령으로 믿음을 따라 의의 소망을 기다리노니

6 그리스도 예수 안에서는 할례나 무할례나 효력이 없으
되 사랑으로써 역사하는 믿음뿐이니라

7 너희가 달음질을 잘 하더니 누가 너희를 막아 진리를 순
종하지 못하게 하더냐

8 그 권면은 너희를 부르신 이에게서 난 것이 아니니라

9 적은 누룩이 온 덩이에 퍼지느니라

새번역

5 그러나 우리는 성령을 힘입어서, 믿음으로 의롭다고 하심을 받을 소
망을 간절히 기다리고 있습니다.

6 그리스도 예수 안에서는, 할례를 받거나 안 받는 것이 문제가 되는 것이
아닙니다. 가장 중요한 것은, 믿음이 사랑을 통하여 일하는 것입니다.

7 여러분은 지금까지 잘 달려왔습니다. 그런데 누가 여러분을 가로막아
서, 진리를 따르지 못하게 하였습니까?

8 그런 꾐은 여러분을 부르신 분에게서 나온 것이 아닙니다.

9 적은 누룩이 반죽 전체를 부풀게 합니다.

Galatians 5:1-26*

NIV

5 For through the Spirit we eagerly await by faith the righteousness for which we hope.

6 For in Christ Jesus neither circumcision nor uncircumcision has any value. The only thing that counts is faith expressing itself through love.

7 You were running a good race. Who cut in on you to keep you from obeying the truth?

8 That kind of persuasion does not come from the one who calls you.

9 "A little yeast works through the whole batch of dough."

말씀암송으로 얻은 은혜와 묵상

갈라디아서 5:1-26*

흔들림 없는 믿음

개역개정

10 나는 너희가 아무 다른 마음을 품지 아니할 줄을 주 안
에서 확신하노라 그러나 너희를 요동하게 하는 자는 누
구든지 심판을 받으리라
11 형제들아 내가 지금까지 할례를 전한다면 어찌하여 지
금까지 박해를 받으리요 그리하였으면 십자가의 걸림
돌이 제거되었으리니
12 너희를 어지럽게 하는 자들은 스스로 베어 버리기를 원
하노라

새번역

10 나는 여러분이 다른 생각을 조금도 품지 않으리라는 것을 주님 안에
서 확신합니다. 그러나 여러분을 교란시키는 사람은, 누구든지 심판
을 받을 것입니다.
11 형제자매 여러분, 내가 아직도 할례를 전한다면, 어찌하여 아직도 박
해를 받겠습니까? 그렇다면, 십자가의 거리낌은 없어졌을 것입니다.
12 할례를 가지고 여러분을 선동하는 사람들은, 차라리 자기의 그 지체
를 잘라 버리는 것이 좋겠습니다.

Galatians 5:1-26*

NIV

10 I am confident in the Lord that you will take no
other view. The one who is throwing you into
confusion, whoever that may be, will have to pay
the penalty.

11 Brothers and sisters, if I am still preaching
circumcision, why am I still being persecuted?
In that case the offense of the cross has been
abolished.

12 As for those agitators, I wish they would go the
whole way and emasculate themselves!

말씀암송으로 얻은 은혜와 묵상

갈라디아서 5:1-26*

성령을 좇아 행하라

개역개정

13 형제들아 너희가 자유를 위하여 부르심을 입었으나 그
러나 그 자유로 육체의 기회를 삼지 말고 오직 사랑으
로 서로 종 노릇 하라

14 온 율법은 네 이웃 사랑하기를 네 자신 같이 하라 하신
한 말씀에서 이루어졌나니

15 만일 서로 물고 먹으면 피차 멸망할까 조심하라

16 내가 이르노니 너희는 성령을 따라 행하라 그리하면 육
체의 욕심을 이루지 아니하리라

새번역

13 형제자매 여러분, 하나님께서는 여러분을 부르셔서, 자유를 누리게
하셨습니다. 그러나 여러분은 그 자유를 육체의 욕망을 만족시키는
구실로 삼지 말고, 사랑으로 서로 섬기십시오.

14 모든 율법은 "네 이웃을 네 몸과 같이 사랑하여라" 하신 한 마디 말
씀 속에 다 들어 있습니다.

15 그런데 여러분이 서로 물어뜯고 잡아먹고 하면, 피차 멸망하고 말 터
이니, 조심하십시오.

16 내가 또 말합니다. 여러분은 성령께서 인도하여 주시는 대로 살아가
십시오. 그러면 육체의 욕망을 채우려 하지 않을 것입니다.

Galatians 5:1-26*

NIV

13 You, my brothers and sisters, were called to be free.
But do not use your freedom to indulge the flesh;
rather, serve one another humbly in love.
14 For the entire law is fulfilled in keeping this one
command: "Love your neighbor as yourself."
15 If you bite and devour each other, watch out or you
will be destroyed by each other.
16 So I say, walk by the Spirit, and you will not gratify
the desires of the flesh.

말씀암송으로 얻은 은혜와 묵상

갈라디아서 5:1-26*

육체의 소욕과 성령의 소욕

개역개정

17 육체의 소욕은 성령을 거스르고 성령은 육체를 거스르
나니 이 둘이 서로 대적함으로 너희가 원하는 것을 하
지 못하게 하려 함이니라

18 너희가 만일 성령의 인도하시는 바가 되면 율법 아래에
있지 아니하리라

새번역

17 육체의 욕망은 성령을 거스르고, 성령이 바라시는 것은 육체를 거스
릅니다. 이 둘이 서로 적대관계에 있으므로, 여러분은 자기가 원하는
일을 할 수 없게 됩니다.

18 그런데 여러분이, 성령의 인도하심을 따라 살아가면, 율법 아래에 있
는 것이 아닙니다.

Galatians 5:1-26*

NIV

17 For the flesh desires what is contrary to the Spirit,
and the Spirit what is contrary to the flesh. They are
in conflict with each other, so that you are not to do
whatever you want.
18 But if you are led by the Spirit, you are not under
the law.

말씀암송으로 얻은 은혜와 묵상

갈라디아서 5:1-26*

육체의 행실

개역개정

19 육체의 일은 분명하니 곧 음행과 더러운 것과 호색과
20 우상 숭배와 주술과 원수 맺는 것과 분쟁과 시기와 분
냄과 당 짓는 것과 분열함과 이단과
21 투기와 술 취함과 방탕함과 또 그와 같은 것들이라 전
에 너희에게 경계한 것 같이 경계하노니 이런 일을 하
는 자들은 하나님의 나라를 유업으로 받지 못할 것이요

새번역

19 육체의 행실은 환히 드러난 것들입니다. 곧 음행과 더러움과 방탕과
20 우상숭배와 마술과 원수맺음과 다툼과 시기와 분냄과 분쟁과 분열과
파당과
21 질투와 술취함과 흥청망청 먹고 마시는 놀음과, 그와 같은 것들입니
다. 내가 전에도 여러분에게 경고하였지만, 이제 또다시 경고합니다.
이런 짓을 하는 사람들은 하나님의 나라를 상속받지 못할 것입니다.

Galatians 5:1-26*

NIV

19 The acts of the flesh are obvious: sexual immorality,
impurity and debauchery;
20 idolatry and witchcraft; hatred, discord, jealousy,
fits of rage, selfish ambition, dissensions, factions
21 and envy; drunkenness, orgies, and the like. I warn
you, as I did before, that those who live like this
will not inherit the kingdom of God.

말씀암송으로 얻은 은혜와 묵상

갈라디아서 5:1-26*

성령의 열매

개역개정

22 오직 성령의 열매는 사랑과 희락과 화평과 오래 참음과
자비와 양선과 충성과

23 온유와 절제니 이같은 것을 금지할 법이 없느니라

24 그리스도 예수의 사람들은 육체와 함께 그 정욕과 탐심
을 십자가에 못 박았느니라

25 만일 우리가 성령으로 살면 또한 성령으로 행할지니

26 헛된 영광을 구하여 서로 노엽게 하거나 서로 투기하지
말지니라

새번역

22 그러나 성령의 열매는 사랑과 기쁨과 화평과 인내와 친절과 선함과
신실과

23 온유와 절제입니다. 이런 것들을 막을 법이 없습니다.

24 그리스도 예수께 속한 사람은 정욕과 욕망과 함께 자기의 육체를 십
자가에 못박았습니다.

25 우리가 성령으로 삶을 얻었으니, 우리는 성령이 인도해 주심을 따라
살아갑시다.

26 우리는 잘난 체하거나 서로 노엽게 하거나 질투하거나 하지 않도록
합시다.

Galatians 5:1-26*

NIV

22 But the fruit of the Spirit is love, joy, peace,
forbearance, kindness, goodness, faithfulness,
23 gentleness and self-control. Against such things
there is no law.
24 Those who belong to Christ Jesus have crucified
the flesh with its passions and desires.
25 Since we live by the Spirit, let us keep in step with
the Spirit.
26 Let us not become conceited, provoking and envying
each other.

말씀암송으로 얻은 은혜와 묵상

시편 119:67,71

고난은 유익이라

개역개정

67 고난 당하기 전에는 내가 그릇 행하였더니 이제는 주의
말씀을 지키나이다

71 고난 당한 것이 내게 유익이라 이로 말미암아 내가 주
의 율례들을 배우게 되었나이다

새번역

67 내가 고난을 당하기 전까지는 잘못된 길을 걸었으나, 이제는 주님의
말씀을 지킵니다.

71 고난을 당한 것이, 내게는 오히려 유익하게 되었습니다. 그 고난 때문
에, 나는 주님의 율례를 배웠습니다.

Psalm 119:67,71

NIV

67 Before I was afflicted I went astray, but now I obey your word.

71 It was good for me to be afflicted so that I might learn your decrees.

말씀암송으로 얻은 은혜와 묵상

시편 126:1-6*

고국으로 돌아오는 기쁨

개역개정

1 여호와께서 시온의 포로를 돌려 보내실 때에 우리는 꿈
꾸는 것 같았도다
2 그 때에 우리 입에는 웃음이 가득하고 우리 혀에는 찬양
이 찼었도다 그 때에 뭇 나라 가운데에서 말하기를 여호
와께서 그들을 위하여 큰 일을 행하셨다 하였도다
3 여호와께서 우리를 위하여 큰 일을 행하셨으니 우리는
기쁘도다

새번역

1 주님께서 시온에서 잡혀간 포로를 시온으로 돌려보내실 때에, 우리는
꿈을 꾸는 사람들 같았다.
2 그 때에 우리의 입은 웃음으로 가득 찼고, 우리의 혀는 찬양의 함성으
로 가득 찼다. 그 때에 다른 나라 백성들도 말하였다. "주님께서 그들
의 편이 되셔서 큰 일을 하셨다."
3 주님께서 우리 편이 되시어 큰 일을 하셨을 때에, 우리는 얼마나 기뻤
던가!

Psalm 126:1-6*

NIV

1 When the Lord restored the fortunes of Zion, we
were like those who dreamed.

2 Our mouths were filled with laughter, our tongues
with songs of joy. Then it was said among the
nations, "The Lord has done great things for them."

3 The Lord has done great things for us, and we are
filled with joy.

말씀암송으로 얻은 은혜와 묵상

시편 126:1-6*

씨 뿌림과 거둠

개역개정

4 여호와여 우리의 포로를 남방 시내들 같이 돌려 보내
소서

5 눈물을 흘리며 씨를 뿌리는 자는 기쁨으로 거두리로다

6 울며 씨를 뿌리러 나가는 자는 반드시 기쁨으로 그 곡식
단을 가지고 돌아오리로다

새번역

4 주님, 네겝의 시내들에 다시 물이 흐르듯이 포로로 잡혀간 자들을 돌
려 보내 주십시오.

5 눈물을 흘리며 씨를 뿌리는 사람은 기쁨으로 거둔다.

6 울며 씨를 뿌리러 나가는 사람은 기쁨으로 단을 가지고 돌아온다.

Psalm 126:1-6*

NIV

4 Restore our fortunes, Lord, like streams in the Negev.

5 Those who sow with tears will reap with songs of joy.

6 Those who go out weeping, carrying seed to sow, will return with songs of joy, carrying sheaves with them.

말씀암송으로 얻은 은혜와 묵상

에베소서 6:1-24*

주 안에서의 효와 자녀교육

개역개정

1 자녀들아 주 안에서 너희 부모에게 순종하라 이것이 옳
으니라
2 네 아버지와 어머니를 공경하라 이것은 약속이 있는 첫
계명이니
3 이로써 네가 잘되고 땅에서 장수하리라
4 또 아비들아 너희 자녀를 노엽게 하지 말고 오직 주의
교훈과 훈계로 양육하라

새번역

1 자녀 된 이 여러분, [주 안에서] 여러분의 부모에게 순종하십시오. 이
것이 옳은 일입니다.
2 "네 부모를 공경하라"고 하신 계명은, 약속이 딸려 있는 첫째 계명입
니다.
3 "네가 잘 되고, 땅에서 오래 살 것이다" 하신 약속입니다.
4 또 아버지 된 이 여러분, 여러분의 자녀를 노엽게 하지 말고, 주님의
훈련과 훈계로 기르십시오.

Ephesians 6:1-24*

NIV

1 Children, obey your parents in the Lord, for this is right.

2 "Honor your father and mother"—which is the first commandment with a promise—

3 "so that it may go well with you and that you may enjoy long life on the earth."

4 Fathers, do not exasperate your children; instead, bring them up in the training and instruction of the Lord.

말씀암송으로 얻은 은혜와 묵상

에베소서 6:1-24*

섬김의 도

개역개정

5 종들아 두려워하고 떨며 성실한 마음으로 육체의 상전
에게 순종하기를 그리스도께 하듯 하라
6 눈가림만 하여 사람을 기쁘게 하는 자처럼 하지 말고 그
리스도의 종들처럼 마음으로 하나님의 뜻을 행하고
7 기쁜 마음으로 섬기기를 주께 하듯 하고 사람들에게 하
듯 하지 말라
8 이는 각 사람이 무슨 선을 행하든지 종이나 자유인이나
주께로부터 그대로 받을 줄을 앎이라

새번역

5 종으로 있는 이 여러분, 두려움과 떨림과 성실한 마음으로 육신의 주
인에게 순종하십시오. 그리스도께 하듯이 해야 합니다.
6 사람을 기쁘게 하는 자들처럼 눈가림으로 하지 말고, 그리스도의 종
답게 진심으로 하나님의 뜻을 실천하십시오.
7 사람에게가 아니라 주님께 하듯이, 기쁜 마음으로 섬기십시오.
8 선한 일을 하는 사람은, 종이든지 자유인이든지, 각각 그 갚음을 주님
께로부터 받게 됨을 여러분은 아십시오.

Ephesians 6:1-24*

NIV

5 Slaves, obey your earthly masters with respect and
fear, and with sincerity of heart, just as you would
obey Christ.

6 Obey them not only to win their favor when their
eye is on you, but as slaves of Christ, doing the will
of God from your heart.

7 Serve wholeheartedly, as if you were serving the
Lord, not people,

8 because you know that the Lord will reward each
one for whatever good they do, whether they are
slave or free.

말씀암송으로 얻은 은혜와 묵상

에베소서 6:1-24*

영적 싸움

개역개정

9 상전들아 너희도 그들에게 이와 같이 하고 위협을 그치
라 이는 그들과 너희의 상전이 하늘에 계시고 그에게는
사람을 외모로 취하는 일이 없는 줄 너희가 앎이라
10 끝으로 너희가 주 안에서와 그 힘의 능력으로 강건하여지고
11 마귀의 간계를 능히 대적하기 위하여 하나님의 전신 갑
주를 입으라
12 우리의 씨름은 혈과 육을 상대하는 것이 아니요 통치자
들과 권세들과 이 어둠의 세상 주관자들과 하늘에 있는
악의 영들을 상대함이라

새번역

9 주인 된 이 여러분, 종들에게 이와 같이 대하고, 위협을 그만두십시오. 그
들의 주님이시요 여러분의 주님이신 분께서 하늘에 계신다는 것과, 주님
께서는 사람을 차별하여 대하지 않으신다는 것을, 여러분은 아십시오.
10 끝으로 말합니다. 여러분은 주님 안에서 그분의 힘찬 능력으로 굳세
게 되십시오.
11 악마의 간계에 맞설 수 있도록, 하나님이 주시는 온몸을 덮는 갑옷을
입으십시오.
12 우리의 싸움은 인간을 적대자로 상대하는 것이 아니라, 통치자들과
권세자들과 이 어두운 세계의 지배자들과 하늘에 있는 악한 영들을
상대로 하는 것입니다.

Ephesians 6:1-24*

NIV

9 And masters, treat your slaves in the same way. Do
not threaten them, since you know that he who is
both their Master and yours is in heaven, and there
is no favoritism with him.

10 Finally, be strong in the Lord and in his mighty
power.

11 Put on the full armor of God, so that you can take
your stand against the devil's schemes.

12 For our struggle is not against flesh and blood, but
against the rulers, against the authorities, against the
powers of this dark world and against the spiritual
forces of evil in the heavenly realms.

말씀암송으로 얻은 은혜와 묵상

에베소서 6:1-24*

하나님의 전신 갑주

개역개정

13 그러므로 하나님의 전신 갑주를 취하라 이는 악한 날에
너희가 능히 대적하고 모든 일을 행한 후에 서기 위함
이라

14 그런즉 서서 진리로 너희 허리 띠를 띠고 의의 호심경
을 붙이고

15 평안의 복음이 준비한 것으로 신을 신고

16 모든 것 위에 믿음의 방패를 가지고 이로써 능히 악한
자의 모든 불화살을 소멸하고

17 구원의 투구와 성령의 검 곧 하나님의 말씀을 가지라

새번역

13 그러므로 하나님이 주시는 무기로 완전히 무장하십시오. 그래야만
여러분이 악한 날에 이 적대자들을 대항할 수 있으며 모든 일을 끝낸
뒤에 설 수 있을 것입니다.

14 그러므로 여러분은 진리의 허리띠로 허리를 동이고 정의의 가슴막이
로 가슴을 가리고 버티어 서십시오.

15 발에는 평화의 복음을 전할 차비를 하십시오.

16 이 모든 것에 더하여 믿음의 방패를 손에 드십시오. 그것으로써 여러
분은 악한 자가 쏘는 모든 불화살을 막아 꺼버릴 수 있을 것입니다.

17 그리고 구원의 투구를 받고 성령의 검 곧 하나님의 말씀을 받으십시오.

Ephesians 6:1-24*

NIV

13 Therefore put on the full armor of God, so that
when the day of evil comes, you may be able
to stand your ground, and after you have done
everything, to stand.
14 Stand firm then, with the belt of truth buckled
around your waist, with the breastplate of
righteousness in place,
15 and with your feet fitted with the readiness that
comes from the gospel of peace.
16 In addition to all this, take up the shield of faith,
with which you can extinguish all the flaming
arrows of the evil one.
17 Take the helmet of salvation and the sword of the
Spirit, which is the word of God.

말씀암송으로 얻은 은혜와 묵상

에베소서 6:1-24*

성령 안에서 기도하라

개역개정

18 모든 기도와 간구를 하되 항상 성령 안에서 기도하고
이를 위하여 깨어 구하기를 항상 힘쓰며 여러 성도를
위하여 구하라

19 또 나를 위하여 구할 것은 내게 말씀을 주사 나로 입을
열어 복음의 비밀을 담대히 알리게 하옵소서 할 것이니

20 이 일을 위하여 내가 쇠사슬에 매인 사신이 된 것은 나
로 이 일에 당연히 할 말을 담대히 하게 하려 하심이라

새번역

18 온갖 기도와 간구로 언제나 성령 안에서 기도하십시오. 이것을 위하
여 늘 깨어서 끝까지 참으면서 모든 성도를 위하여 간구하십시오.

19 또 나를 위하여 기도하기를, 내가 입을 열 때에, 하나님께서 말씀을
주셔서 담대하게 복음의 비밀을 알릴 수 있게 해 달라고 하십시오.

20 나는 사슬에 매여 있으나, 이 복음을 전하는 사신입니다. 이런 형편에
서도, 내가 마땅히 해야 할 말을 담대하게 말할 수 있게 기도하여 주
십시오.

Ephesians 6:1-24*

NIV

18 And pray in the Spirit on all occasions with all
kinds of prayers and requests. With this in mind, be
alert and always keep on praying for all the Lord's
people.
19 Pray also for me, that whenever I speak, words may
be given me so that I will fearlessly make known
the mystery of the gospel,
20 for which I am an ambassador in chains. Pray that I
may declare it fearlessly, as I should.

말씀암송으로 얻은 은혜와 묵상

에베소서 6:1-24*

평안과 믿음을 겸한 사랑

개역개정

21 나의 사정 곧 내가 무엇을 하는지 너희에게도 알리려
하노니 사랑을 받은 형제요 주 안에서 진실한 일꾼인
두기고가 모든 일을 너희에게 알리리라

22 우리 사정을 알리고 또 너희 마음을 위로하기 위하여
내가 특별히 그를 너희에게 보내었노라

23 아버지 하나님과 주 예수 그리스도께로부터 평안과 믿
음을 겸한 사랑이 형제들에게 있을지어다

24 우리 주 예수 그리스도를 변함없이 사랑하는 모든 자에
게 은혜가 있을지어다

새번역

21 사랑하는 형제이며 주님 안에서 진실한 일꾼인 두기고가, 내가 지내
는 형편과 내가 하고 있는 일과 그밖에 모든 것을 여러분에게 알릴
것입니다.

22 우리의 사정을 알리고, 또, 여러분의 마음을 위로하게 하려고, 나는
그를 여러분에게 보냅니다.

23 아버지 하나님과 주 예수 그리스도께서 성도들에게 평화를 내려주시
고, 믿음과 더불어 사랑을 베풀어주시기를 빕니다.

24 우리 주 예수 그리스도를 변함없이 사랑하는 모든 사람에게 은혜가
있기를 빕니다.

Ephesians 6:1-24*

NIV

21 Tychicus, the dear brother and faithful servant in
the Lord, will tell you everything, so that you also
may know how I am and what I am doing.

22 I am sending him to you for this very purpose,
that you may know how we are, and that he may
encourage you.

23 Peace to the brothers and sisters, and love with faith
from God the Father and the Lord Jesus Christ.

24 Grace to all who love our Lord Jesus Christ with an
undying love.

말씀암송으로 얻은 은혜와 묵상

시편 119:9, 10, 103, 105

청년과 주의 말씀

개역개정

9 청년이 무엇으로 그의 행실을 깨끗하게 하리이까 주의
말씀만 지킬 따름이니이다
10 내가 전심으로 주를 찾았사오니 주의 계명에서 떠나지
말게 하소서
103 주의 말씀의 맛이 내게 어찌 그리 단지요 내 입에 꿀보
다 더 다니이다
105 주의 말씀은 내 발에 등이요 내 길에 빛이니이다

새번역

9 젊은이가 어떻게 해야 그 인생을 깨끗하게 살 수 있겠습니까? 주님
의 말씀을 지키는 길, 그 길뿐입니다.
10 내가 온 마음을 다하여 주님을 찾습니다. 주님의 계명에서 벗어나지
않게 하여 주십시오.
103 주님의 말씀의 맛이 내게 어찌 그리도 단지요? 내 입에는 꿀보다 더
답니다.
105 주님의 말씀은 내 발의 등불이요, 내 길의 빛입니다.

Psalm 119:9, 10, 103, 105

NIV

9 How can a young person stay on the path of purity?
By living according to your word.

10 I seek you with all my heart; do not let me stray
from your commands.

103 How sweet are your words to my taste, sweeter
than honey to my mouth!

105 Your word is a lamp for my feet, a light on my path.

말씀암송으로 얻은 은혜와 묵상

시편 127:1-5*

여호와의 일하심

개역개정

1 여호와께서 집을 세우지 아니하시면 세우는 자의 수고
가 헛되며 여호와께서 성을 지키지 아니하시면 파수꾼
의 깨어 있음이 헛되도다
2 너희가 일찍이 일어나고 늦게 누우며 수고의 떡을 먹음
이 헛되도다 그러므로 여호와께서 그의 사랑하시는 자
에게는 잠을 주시는도다

새번역

1 주님께서 집을 세우지 아니하시면 집을 세우는 사람의 수고가 헛되
며, 주님께서 성을 지키지 아니하시면 파수꾼의 깨어 있음이 헛된 일
이다.
2 일찍 일어나고 늦게 눕는 것, 먹고 살려고 애써 수고하는 모든 일이
헛된 일이다. 진실로 주님께서는, 사랑하시는 사람에게는 그가 잠을
자는 동안에도 복을 주신다.

Psalm 127:1-5*

NIV

1 Unless the Lord builds the house, the builders labor
in vain. Unless the Lord watches over the city, the
guards stand watch in vain.
2 In vain you rise early and stay up late, toiling for
food to eat— for he grants sleep to those he loves.

말씀암송으로 얻은 은혜와 묵상

시편 127:1-5*

자식은 여호와의 선물

개역개정

3 보라 자식들은 여호와의 기업이요 태의 열매는 그의 상
급이로다
4 젊은 자의 자식은 장사의 수중의 화살 같으니
5 이것이 그의 화살통에 가득한 자는 복되도다 그들이 성
문에서 그들의 원수와 담판할 때에 수치를 당하지 아니
하리로다

새번역

3 자식은 주님께서 주신 선물이요, 태 안에 들어 있는 열매는, 주님이 주
신 상급이다.
4 젊어서 낳은 자식은 용사의 손에 쥐어 있는 화살과도 같으니,
5 그런 화살이 화살통에 가득한 용사에게는 복이 있다. 그들은 성문에
서 원수들과 담판할 때에, 부끄러움을 당하지 아니할 것이다.

Psalm 127:1-5*

NIV

3 Children are a heritage from the Lord, offspring a reward from him.

4 Like arrows in the hands of a warrior are children born in one's youth.

5 Blessed is the man whose quiver is full of them. They will not be put to shame when they contend with their opponents in court.

말씀암송으로 얻은 은혜와 묵상

로마서 7:14-25*

내 속에 거하는 죄

개역개정

14 우리가 율법은 신령한 줄 알거니와 나는 육신에 속하여
죄 아래에 팔렸도다
15 내가 행하는 것을 내가 알지 못하노니 곧 내가 원하는
것은 행하지 아니하고 도리어 미워하는 것을 행함이라
16 만일 내가 원하지 아니하는 그것을 행하면 내가 이로써
율법이 선한 것을 시인하노니
17 이제는 그것을 행하는 자가 내가 아니요 내 속에 거하
는 죄니라

새번역

14 우리는 율법이 신령한 것인 줄 압니다. 그러나 나는 육정에 매인 존
재로서, 죄 아래에 팔린 몸입니다.
15 나는 내가 하는 일을 도무지 알 수가 없습니다. 내가 해야겠다고 생
각하는 일은 하지 않고, 도리어 해서는 안 되겠다고 생각하는 일을
하고 있으니 말입니다.
16 내가 그런 일을 하면서도 그것을 해서는 안 되겠다고 생각하는 것은,
곧 율법이 선하다는 사실에 동의하는 것입니다.
17 그렇다면, 그와 같은 일을 하는 것은 내가 아니라, 내 속에 자리를 잡
고 있는 죄입니다.

Romans 7:14-25*

NIV

14 We know that the law is spiritual; but I am
unspiritual, sold as a slave to sin.
15 I do not understand what I do. For what I want to
do I do not do, but what I hate I do.
16 And if I do what I do not want to do, I agree that
the law is good.
17 As it is, it is no longer I myself who do it, but it is
sin living in me.

말씀암송으로 얻은 은혜와 묵상

로마서 7:14-25*

원치 아니하는 악을 행하는 나

개역개정

18 내 속 곧 내 육신에 선한 것이 거하지 아니하는 줄을 아
노니 원함은 내게 있으나 선을 행하는 것은 없노라
19 내가 원하는 바 선은 행하지 아니하고 도리어 원하지
아니하는 바 악을 행하는도다
20 만일 내가 원하지 아니하는 그것을 하면 이를 행하는
자는 내가 아니요 내 속에 거하는 죄니라
21 그러므로 내가 한 법을 깨달았노니 곧 선을 행하기 원
하는 나에게 악이 함께 있는 것이로다

새번역

18 나는 내 속에 곧 내 육신 속에 선한 것이 깃들여 있지 않다는 것을 압
니다. 나는 선을 행하려는 의지는 있으나, 그것을 실행하지는 않으니
말입니다.
19 나는 내가 원하는 선한 일은 하지 않고, 도리어 원하지 않는 악한 일
을 합니다.
20 내가 해서는 안 되는 것을 하면, 그것을 하는 것은 내가 아니라, 내
속에 자리를 잡고 있는 죄입니다.
21 여기에서 나는 법칙 하나를 발견하였습니다. 곧 나는 선을 행하려고
하는데, 그러한 나에게 악이 붙어 있다는 것입니다.

Romans 7:14-25*

NIV

18 For I know that good itself does not dwell in me,
that is, in my sinful nature. For I have the desire to
do what is good, but I cannot carry it out.

19 For I do not do the good I want to do, but the evil I
do not want to do—this I keep on doing.

20 Now if I do what I do not want to do, it is no longer
I who do it, but it is sin living in me that does it.

21 So I find this law at work: Although I want to do
good, evil is right there with me.

말씀암송으로 얻은 은혜와 묵상

로마서 7:14-25*

아, 나는 비참한 사람

개역개정

22 내 속사람으로는 하나님의 법을 즐거워하되

23 내 지체 속에서 한 다른 법이 내 마음의 법과 싸워 내 지
체 속에 있는 죄의 법으로 나를 사로잡는 것을 보는도다

24 오호라 나는 곤고한 사람이로다 이 사망의 몸에서 누가
나를 건져내랴

25 우리 주 예수 그리스도로 말미암아 하나님께 감사하리
로다 그런즉 내 자신이 마음으로는 하나님의 법을 육신
으로는 죄의 법을 섬기노라

새번역

22 나는 속사람으로는 하나님의 법을 즐거워하나,

23 내 지체에는 다른 법이 있어서 내 마음의 법과 맞서서 싸우며, 내 지
체에 있는 죄의 법에 나를 포로로 만드는 것을 봅니다.

24 아, 나는 비참한 사람입니다. 누가 이 죽음의 몸에서 나를 건져 주겠
습니까?

25 우리 주 예수 그리스도를 통하여 나를 건져 주신 하나님께 감사를 드
립니다. 그러니 나 자신은, 마음으로는 하나님의 법을 섬기고, 육신으
로는 죄의 법을 섬기고 있습니다.

Romans 7:14-25*

NIV

22 For in my inner being I delight in God's law;

23 but I see another law at work in me, waging war
against the law of my mind and making me a
prisoner of the law of sin at work within me.

24 What a wretched man I am! Who will rescue me
from this body that is subject to death?

25 Thanks be to God, who delivers me through Jesus
Christ our Lord! So then, I myself in my mind am
a slave to God's law, but in my sinful nature a slave
to the law of sin.

말씀암송으로 얻은 은혜와 묵상

로마서 8:1-11

생명의 성령의 법

개역개정

1 그러므로 이제 그리스도 예수 안에 있는 자에게는 결코
정죄함이 없나니
2 이는 그리스도 예수 안에 있는 생명의 성령의 법이 죄와
사망의 법에서 너를 해방하였음이라
3 율법이 육신으로 말미암아 연약하여 할 수 없는 그것을
하나님은 하시나니 곧 죄로 말미암아 자기 아들을 죄 있
는 육신의 모양으로 보내어 육신에 죄를 정하사
4 육신을 따르지 않고 그 영을 따라 행하는 우리에게 율법
의 요구가 이루어지게 하려 하심이니라

새번역

1 그러므로 그리스도 예수 안에 있는 사람들은 정죄를 받지 않습니다.
2 그것은, 그리스도 예수 안에서 생명을 누리게 하는 성령의 법이 당신
을 죄와 죽음의 법에서 해방하여 주었기 때문입니다.
3 육신으로 말미암아 율법이 미약해져서 해낼 수 없었던 그 일을 하나
님께서 해결하셨습니다. 곧 하나님께서는 자기의 아들을 죄된 육신을
지닌 모습으로 보내셔서, 죄를 없애시려고 그 육신에다 죄의 선고를
내리셨습니다.
4 그것은, 육신을 따라 살지 않고 성령을 따라 사는 우리가, 율법이 요구
하는 바를 이루게 하시려는 것입니다.

Romans 8:1-11

NIV

1 Therefore, there is now no condemnation for those
who are in Christ Jesus,

2 because through Christ Jesus the law of the Spirit
who gives life has set you free from the law of sin
and death.

3 For what the law was powerless to do because it
was weakened by the flesh, God did by sending his
own Son in the likeness of sinful flesh to be a sin
offering. And so he condemned sin in the flesh,

4 in order that the righteous requirement of the law
might be fully met in us, who do not live according
to the flesh but according to the Spirit.

말씀암송으로 얻은 은혜와 묵상

로마서 8:1-11

영의 생각은 생명과 평안

개역개정

5 육신을 따르는 자는 육신의 일을, 영을 따르는 자는 영
의 일을 생각하나니
6 육신의 생각은 사망이요 영의 생각은 생명과 평안이니라
7 육신의 생각은 하나님과 원수가 되나니 이는 하나님의
법에 굴복하지 아니할 뿐 아니라 할 수도 없음이라
8 육신에 있는 자들은 하나님을 기쁘시게 할 수 없느니라

새번역

5 육신을 따라 사는 사람은 육신에 속한 것을 생각하나, 성령을 따라 사
는 사람은 성령에 속한 것을 생각합니다.
6 육신에 속한 생각은 죽음입니다. 그러나 성령에 속한 생각은 생명과
평화입니다.
7 육신에 속한 생각은 하나님께 품는 적대감입니다. 그것은 하나님의
법을 따르지 않으며, 또 복종할 수도 없습니다.
8 육신에 매인 사람은 하나님을 기쁘게 해 드릴 수 없습니다.

Romans 8:1-11

NIV

5 Those who live according to the flesh have their
minds set on what the flesh desires; but those who
live in accordance with the Spirit have their minds
set on what the Spirit desires.

6 The mind governed by the flesh is death, but the
mind governed by the Spirit is life and peace.

7 The mind governed by the flesh is hostile to God; it
does not submit to God's law, nor can it do so.

8 Those who are in the realm of the flesh cannot
please God.

말씀암송으로 얻은 은혜와 묵상

로마서 8:1-11

너희 죽을 몸도 살리시리라

개역개정

9 만일 너희 속에 하나님의 영이 거하시면 너희가 육신에
있지 아니하고 영에 있나니 누구든지 그리스도의 영이
없으면 그리스도의 사람이 아니라
10 또 그리스도께서 너희 안에 계시면 몸은 죄로 말미암아
죽은 것이나 영은 의로 말미암아 살아 있는 것이니라
11 예수를 죽은 자 가운데서 살리신 이의 영이 너희 안에
거하시면 그리스도 예수를 죽은 자 가운데서 살리신 이
가 너희 안에 거하시는 그의 영으로 말미암아 너희 죽
을 몸도 살리시리라

새번역

9 그러나 하나님의 영이 여러분 안에 살아 계시면, 여러분은 육신 안에
있지 않고, 성령 안에 있습니다. 누구든지 그리스도의 영이 없으면,
그리스도의 사람이 아닙니다.
10 또한 그리스도께서 여러분 안에 살아 계시면, 여러분의 몸은 죄 때문
에 죽은 것이지만, 영은 의 때문에 생명을 얻습니다.
11 예수를 죽은 사람들 가운데서 살리신 분의 영이 여러분 안에 살아 계
시면, 그리스도를 죽은 사람들 가운데서 살리신 분께서, 여러분 안에
계신 자기의 영으로 여러분의 죽을 몸도 살리실 것입니다.

Romans 8:1-11

NIV
9 You, however, are not in the realm of the flesh but
are in the realm of the Spirit, if indeed the Spirit of
God lives in you. And if anyone does not have the
Spirit of Christ, they do not belong to Christ.
10 But if Christ is in you, then even though your body
is subject to death because of sin, the Spirit gives
life because of righteousness.
11 And if the Spirit of him who raised Jesus from the
dead is living in you, he who raised Christ from
the dead will also give life to your mortal bodies
because of his Spirit who lives in you.

말씀암송으로 얻은 은혜와 묵상

요한일서 1:1-10*

태초부터 있는 생명의 말씀

개역개정

1 태초부터 있는 생명의 말씀에 관하여는 우리가 들은 바요 눈으로 본 바요 자세히 보고 우리의 손으로 만진 바라

2 이 생명이 나타내신 바 된지라 이 영원한 생명을 우리가 보았고 증언하여 너희에게 전하노니 이는 아버지와 함께 계시다가 우리에게 나타내신 바 된 이시니라

3 우리가 보고 들은 바를 너희에게도 전함은 너희로 우리와 사귐이 있게 하려 함이니 우리의 사귐은 아버지와 그의 아들 예수 그리스도와 더불어 누림이라

4 우리가 이것을 씀은 우리의 기쁨이 충만하게 하려 함이라

새번역

1 이 글은 생명의 말씀에 관한 것입니다. 이 생명의 말씀은 태초부터 계신 것이요, 우리가 들은 것이요, 우리가 눈으로 본 것이요, 우리가 지켜본 것이요, 우리가 손으로 만져본 것입니다.

2 이 생명이 나타나셨습니다. 우리는 그것을 보았습니다. 그래서 우리는 이 영원한 생명을 여러분에게 증언하고 선포합니다. 이 영원한 생명은 아버지와 함께 계셨는데, 우리에게 나타나셨습니다.

3 우리가 보고 들은 바를 여러분에게도 선포합니다. 우리는 여러분도 우리와 서로 사귐을 가지기를 바라는 것입니다. 우리의 사귐은 아버지와 또 그의 아들 예수 그리스도와 함께 하는 사귐입니다.

4 우리가 이 글을 쓰는 것은 우리 서로의 기쁨이 차고 넘치게 하려는 것입니다.

1 John 1:1-10*

NIV

1 That which was from the beginning, which we have
heard, which we have seen with our eyes, which we
have looked at and our hands have touched—this
we proclaim concerning the Word of life.

2 The life appeared; we have seen it and testify to it,
and we proclaim to you the eternal life, which was
with the Father and has appeared to us.

3 We proclaim to you what we have seen and heard,
so that you also may have fellowship with us. And
our fellowship is with the Father and with his Son,
Jesus Christ.

4 We write this to make our joy complete.

말씀암송으로 얻은 은혜와 묵상

요한일서 1:1-10*

하나님은 빛이시라

개역개정

5 우리가 그에게서 듣고 너희에게 전하는 소식은 이것이
니 곧 하나님은 빛이시라 그에게는 어둠이 조금도 없으
시다는 것이니라

6 만일 우리가 하나님과 사귐이 있다 하고 어둠에 행하면
거짓말을 하고 진리를 행하지 아니함이거니와

7 그가 빛 가운데 계신 것 같이 우리도 빛 가운데 행하면
우리가 서로 사귐이 있고 그 아들 예수의 피가 우리를
모든 죄에서 깨끗하게 하실 것이요

새번역

5 우리가 그리스도에게서 들어서 여러분에게 전하는 소식은 이것이니,
곧 하나님은 빛이시요, 하나님 안에는 어둠이 전혀 없다는 것입니다.

6 우리가 하나님과 사귀고 있다고 말하면서, 그대로 어둠 속에서 살아
가면, 우리는 거짓말을 하는 것이요, 진리를 행하지 않는 것입니다.

7 그러나 하나님께서 빛 가운데 계신 것과 같이, 우리가 빛 가운데 살아
가면, 우리는 서로 사귐을 가지게 되고, 하나님의 아들 예수의 피가 우
리를 모든 죄에서 깨끗하게 해주십니다.

1 John 1:1-10*

NIV 5 This is the message we have heard from him and
declare to you: God is light; in him there is no
darkness at all.

6 If we claim to have fellowship with him and yet
walk in the darkness, we lie and do not live out the
truth.

7 But if we walk in the light, as he is in the light, we
have fellowship with one another, and the blood of
Jesus, his Son, purifies us from all sin.

말씀암송으로 얻은 은혜와 묵상

요한일서 1:1-10*

우리 죄를 자백하면

개역개정

8 만일 우리가 죄가 없다고 말하면 스스로 속이고 또 진
리가 우리 속에 있지 아니할 것이요
9 만일 우리가 우리 죄를 자백하면 그는 미쁘시고 의로우
사 우리 죄를 사하시며 우리를 모든 불의에서 깨끗하게
하실 것이요
10 만일 우리가 범죄하지 아니하였다 하면 하나님을 거짓
말하는 이로 만드는 것이니 또한 그의 말씀이 우리 속
에 있지 아니하니라

새번역

8 우리가 죄가 없다고 말하면, 우리는 자기를 속이는 것이요, 진리가 우
리 속에 없는 것입니다.
9 우리가 우리 죄를 자백하면, 하나님은 신실하시고 의로우신 분이셔
서, 우리 죄를 용서하시고, 모든 불의에서 우리를 깨끗하게 해주실 것
입니다.
10 우리가 죄를 지은 일이 없다고 말하면, 우리는 하나님을 거짓말쟁이
로 만드는 것이며, 하나님의 말씀이 우리 속에 있지 아니합니다.

1 John 1:1-10*

NIV

8 If we claim to be without sin, we deceive ourselves
and the truth is not in us.
9 If we confess our sins, he is faithful and just and
will forgive us our sins and purify us from all
unrighteousness.
10 If we claim we have not sinned, we make him out
to be a liar and his word is not in us.

말씀암송으로 얻은 은혜와 묵상

제4단계 과정을 마치면서

제4단계는 갈라디아서 5장 전장부터 시작하여 요한일서 1장 전장으로 마쳤다.

에베소서 6장 전장과 로마서 7장 후반절과 8장 전반절 및 시편 119편 고난, 청소년, 말씀 사랑에 관한 요절과 시편 126,127편 전편, 도합 100절로 짜여졌다.

갈라디아서 5장은 참 신자와 거짓 신자(1-6절), 참 교사와 거짓 교사(7-12절), 성령의 열매와 육체에 관하여 명쾌하게 가르치고 있다.

나는 처음엔 성령의 아홉 가지 열매를 거침없이 순서대로 외울 수 있는 것이 제일 좋았다.

그러다 차츰 아홉 가지 열매의 상관관계를 묵상하게 되었다. 사랑이 없는 기쁨과 화평, 오래 참음, 자비, 양선, 충성, 온유, 절제는 거짓이라는 것을 발견하게 되었다. 다른 열매도 마찬가지다. 절제가 없는 사랑, 기쁨, 화평… 모두 거짓이다. 특히 절제는 영어성경에 'self-control'로 나온다. 자제(自制)를 뜻한다. 나는 평소에 자제력 부족을 절감하며 살아왔기에 이 열매에 관심이 쏠렸다. 사랑, 기쁨, 화평 등은 누구에게나 귀한 말로 다가오지만, 나는 특별히 이 절제에 대한 묵상에 많은 시간을 기울이게 되었다.

또한, 24절 말씀 "그리스도 예수의 사람들은 육체와 함께 그 정욕과 탐심을 십자가에 못 박았느니라"를 NIV로 읽고 암송할 때 얼마나 많은 은혜를 받았는지 모른다. "Those who belong to Christ Jesus have crucified the flesh with its passions and desires." 곧 그리스도 예수의 사람은 이미 육체, 정욕, 욕망을 동시에 십자가에 못 박았노라는 것이다. 참으로 큰 찔림을 받게 된다.

시편 119편 67,71절은 고난을 도리어 축복의 길로 받아들이게 한다.

시편 119편 9,10절은 믿음의 청소년들이 반드시 암송, 묵상해야 할 금언이다.

시편 119편 103,105절은 말씀의 꿀맛과 등불 됨을 일깨워준다.

시편 126,127편 전편은 많은 성도가 즐겨 암송하는 말씀이다.

로마서 7장 14-25절 말씀을 통해서 나는 인간 이해의 지혜를 많이 얻는다. 현대의 고도로 발달한 심리학에서도 미처 미치지 못하는 심리 분석이다.

"… 내가 원하는 바 선은 행하지 아니하고 도리어 원하지 아니하는 바 악을 행하는도다 … 그러므로 내가 한 법을 깨달았노니 곧 선을 행하기 원하는 나에게 악이 함께 있는 것이로다 … 오호라 나는 곤고한 사람이로다 이 사망의 몸에서 누가 나를 건져내랴 우리 주 예수 그리스도로 말미암아 하나님께 감사하리로다 그런즉 내 자신이 마음으로는 하나님의 법을 육신으로는 죄의 법을 섬기노라."

나는 요한일서 1장에 반해버렸다.

"태초부터 있는 생명의 말씀에 관하여는…."

이렇게 '태초'와 '말씀'으로 시작된다. 요한복음 1장도 "태초에 말씀이 계시니라…" 역시 '태초'와 '말씀'으로 시작된다. 창세기 역시 "태초에 하나님이 천지를 창조하시니라"로 시작하고 '태초'와 '하나님'이 등장한다.

말씀, 태초, 하나님은 공통어로 이 세 성경을 연다.

'말씀이 곧 하나님이시니'(요 1:1) 요한일서 1장은 꼭 암송해야겠다는 생각이다.

만일 우리가 하나님과 사귐이 있다 하고… _ 요일 1:6
만일 우리가 죄가 없다고 말하면… _ 요일 1:8
만일 우리가 우리 죄를 자백하면… _ 요일 1:9
만일 우리가 범죄하지 아니하였다 하면… _ 요일 1:10

얼마나 논리정연한 말씀인지 묵상하면 할수록 은혜와 진리로 충만케 된다.

여태까지 서양에서 개발되어온 말씀암송의 방법은 대체로 자본주의 논리에서 나온 것 같다. 최소의 투자로 최대의 이익을 산출한다는 논리다. 이를테면, CCC의 선교를 위한 암송 요절은 크게 새로운 삶, 그리스도를 전파함, 하나님을 의뢰함 등으로 나뉘고, 다시 세분하여 활용 가치가 높은 요절을 모아서 암송하게 한다. 과학적이고 생산적임에는 이의를 달 수 없다. 그러나 실제로 경험한 바에 의하면, 그렇게 암송한 말씀을 끝까지 유지하는 사람이 아주 적다는 것이다.

나는 일찍이 요한복음 15장을 전장으로 즐겨 암송하여 특히 잠자리에 들자마자 이 말씀을 외우며 묵상하다가 잠드는 습관이 들고 보니, 혹시 한두 달 동안 반복하지 않아도 잊히지 않게 되었다. 그리하여 되도록 전장이나 시편은 전편을 암송하는 버릇이 절로 생겼다. 어떻게 생각하면 비능률적이며 비생산적인 것 같기도 하지만, 암송과 묵상의 특성상 훨씬 효과적이라는 확신을 얻게 되었다.

어떤 관점에서 보니, 우리나라의 거의 모든 교회학교에서 가르치는 암송 방법이 매주 한 절 또는 두 절씩 외우는 것인데 그런데도 그 요절을 계속 암송하고 있는 학생은 거의 없다는 사실을 알게 되었다. 그럼에도 불구하고 으레 그렇게 가르치는 것을 당연시하고 있으니, 말씀을 제대로 암송하고 있는 장년, 청년, 대학, 중·고등부, 유·초등부 학생이 드물다는 불행한 결과를 초래하게 되었다. 이것은 심각한 문제인데도 그 중요성과 심각성을 깨닫고 있는 지도자가 거의 없는 것으로 보이니 오호통재라.

4단계까지 400절을 암송한 사람은 날마다 즐겨 암송하면, 기회 있는 대로 암송한 말씀을 노트에 써보는 습관을 들이노라면, 말씀 암송이 체질화되고 나아가 말씀의 생활화가 자연스럽게 이루어지리라.

303비전 성경암송노트

유니게 과정 제5단계

요한복음 13:34,35

새 계명

개역개정

34 새 계명을 너희에게 주노니 서로 사랑하라 내가 너희를
사랑한 것 같이 너희도 서로 사랑하라
35 너희가 서로 사랑하면 이로써 모든 사람이 너희가 내
제자인 줄 알리라

새번역

34 이제 나는 너희에게 새 계명을 준다. 서로 사랑하여라. 내가 너희를
사랑한 것 같이, 너희도 서로 사랑하여라.
35 너희가 서로 사랑하면, 모든 사람이 그것으로써 너희가 내 제자인 줄
을 알게 될 것이다.

John 13:34,35

NIV

34 "A new command I give you: Love one another. As
I have loved you, so you must love one another.
35 By this everyone will know that you are my
disciples, if you love one another."

말씀암송으로 얻은 은혜와 묵상

로마서 8:12-30

하나님의 아들

개역개정

12 그러므로 형제들아 우리가 빚진 자로되 육신에게 져서 육
신대로 살 것이 아니니라
13 너희가 육신대로 살면 반드시 죽을 것이로되 영으로써 몸
의 행실을 죽이면 살리니
14 무릇 하나님의 영으로 인도함을 받는 사람은 곧 하나님의
아들이라
15 너희는 다시 무서워하는 종의 영을 받지 아니하고 양자의
영을 받았으므로 우리가 아빠 아버지라고 부르짖느니라

새번역

12 그러므로 형제자매 여러분, 우리는 빚을 지고 사는 사람들이지만, 육
신에 빚을 진 것이 아닙니다. 우리는 육신을 따라 살아야 할 존재가
아닙니다.
13 여러분이 육신을 따라 살면, 죽을 것입니다. 그러나 여러분이 성령으
로 몸의 행실을 죽이면, 살 것입니다.
14 하나님의 영으로 인도함을 받는 사람은, 누구나 다 하나님의 자녀입
니다.
15 여러분은 또다시 두려움에 빠뜨리는 종살이의 영을 받은 것이 아니
라, 자녀로 삼으시는 영을 받았습니다. 그래서 우리는 그 영으로 하나
님을 "아빠, 아버지"라고 부릅니다.

Romans 8:12-30

NIV

12 Therefore, brothers and sisters, we have an obligation
—but it is not to the flesh, to live according to it.
13 For if you live according to the flesh, you will die;
but if by the Spirit you put to death the misdeeds of
the body, you will live.
14 For those who are led by the Spirit of God are the
children of God.
15 The Spirit you received does not make you slaves,
so that you live in fear again; rather, the Spirit you
received brought about your adoption to sonship.
And by him we cry, "Abba, Father."

말씀암송으로 얻은 은혜와 묵상

로마서 8:12-30

장차 우리에게 나타날 영광

개역개정

16 성령이 친히 우리의 영과 더불어 우리가 하나님의 자녀인
것을 증언하시나니

17 자녀이면 또한 상속자 곧 하나님의 상속자요 그리스도와
함께 한 상속자니 우리가 그와 함께 영광을 받기 위하여
고난도 함께 받아야 할 것이니라

18 생각하건대 현재의 고난은 장차 우리에게 나타날 영광과
비교할 수 없도다

19 피조물이 고대하는 바는 하나님의 아들들이 나타나는 것
이니

새번역

16 바로 그 때에 그 성령이 우리의 영과 함께, 우리가 하나님의 자녀임
을 증언하십니다.

17 자녀이면 상속자이기도 합니다. 우리가 그리스도와 함께 영광을 받
으려고 그와 함께 고난을 받으면, 우리는 하나님이 정하신 상속자요,
그리스도와 더불어 공동 상속자입니다.

18 현재 우리가 겪는 고난은, 장차 우리에게 나타날 영광에 견주면, 아무
것도 아니라고 나는 생각합니다.

19 피조물은 하나님의 자녀들이 나타나기를 간절히 기다리고 있습니다.

Romans 8:12-30

NIV

16 The Spirit himself testifies with our spirit that we
are God's children.

17 Now if we are children, then we are heirs—heirs of
God and co-heirs with Christ, if indeed we share in his
sufferings in order that we may also share in his glory.

18 I consider that our present sufferings are not worth
comparing with the glory that will be revealed in us.

19 For the creation waits in eager expectation for the
children of God to be revealed.

말씀암송으로 얻은 은혜와 묵상

로마서 8:12-30

피조물의 탄식

개역개정

20 피조물이 허무한 데 굴복하는 것은 자기 뜻이 아니요
오직 굴복하게 하시는 이로 말미암음이라
21 그 바라는 것은 피조물도 썩어짐의 종 노릇 한 데서 해방
되어 하나님의 자녀들의 영광의 자유에 이르는 것이니라
22 피조물이 다 이제까지 함께 탄식하며 함께 고통을 겪고
있는 것을 우리가 아느니라
23 그뿐 아니라 또한 우리 곧 성령의 처음 익은 열매를 받
은 우리까지도 속으로 탄식하여 양자 될 것 곧 우리 몸
의 속량을 기다리느니라

새번역

20 피조물이 허무에 굴복했지만, 그것은 자의로 그렇게 한 것이 아니라,
굴복하게 하신 그분이 그렇게 하신 것입니다. 그러나 소망은 남아 있
습니다.
21 그것은 곧 피조물도 썩어짐의 종살이에서 해방되어서, 하나님의 자
녀가 누릴 영광된 자유를 얻으리라는 것입니다.
22 모든 피조물이 이제까지 함께 신음하며, 함께 해산의 고통을 겪고 있
다는 것을, 우리는 압니다.
23 그뿐만 아니라, 첫 열매로서 성령을 받은 우리도 자녀로 삼아 주실
것을, 곧 우리 몸을 속량하여 주실 것을 고대하면서, 속으로 신음하고
있습니다.

Romans 8:12-30

NIV

20 For the creation was subjected to frustration, not
by its own choice, but by the will of the one who
subjected it, in hope

21 that the creation itself will be liberated from its
bondage to decay and brought into the freedom and
glory of the children of God.

22 We know that the whole creation has been groaning as
in the pains of childbirth right up to the present time.

23 Not only so, but we ourselves, who have the
firstfruits of the Spirit, groan inwardly as we wait
eagerly for our adoption to sonship, the redemption
of our bodies.

말씀암송으로 얻은 은혜와 묵상

로마서 8:12-30

성령의 탄식과 성도를 위한 간구

개역개정

24 우리가 소망으로 구원을 얻었으매 보이는 소망이 소망
이 아니니 보는 것을 누가 바라리요
25 만일 우리가 보지 못하는 것을 바라면 참음으로 기다릴
지니라
26 이와 같이 성령도 우리의 연약함을 도우시나니 우리는
마땅히 기도할 바를 알지 못하나 오직 성령이 말할 수
없는 탄식으로 우리를 위하여 친히 간구하시느니라
27 마음을 살피시는 이가 성령의 생각을 아시나니 이는 성
령이 하나님의 뜻대로 성도를 위하여 간구하심이니라

새번역

24 우리는 이 소망으로 구원을 얻었습니다. 눈에 보이는 소망은 소망이
아닙니다. 보이는 것을 누가 바라겠습니까?
25 그러나 우리가 보이지 않는 것을 바라면, 참으면서 기다려야 합니다.
26 이와 같이, 성령께서도 우리의 약함을 도와주십니다. 우리는 어떻게
기도해야 할지도 알지 못하지만, 성령께서 친히 이루 다 말할 수 없
는 탄식으로, 우리를 대신하여 간구하여 주십니다.
27 사람의 마음을 꿰뚫어 보시는 하나님께서는, 성령의 생각이 어떠한
지를 아십니다. 성령께서, 하나님의 뜻을 따라, 성도를 대신하여 간구
하시기 때문입니다.

Romans 8:12-30

NIV

24 For in this hope we were saved. But hope that is
seen is no hope at all. Who hopes for what they
already have?
25 But if we hope for what we do not yet have, we
wait for it patiently.
26 In the same way, the Spirit helps us in our
weakness. We do not know what we ought to pray
for, but the Spirit himself intercedes for us through
wordless groans.
27 And he who searches our hearts knows the mind of
the Spirit, because the Spirit intercedes for God's
people in accordance with the will of God.

말씀암송으로 얻은 은혜와 묵상

로마서 8:12-30

합력하여 선을 이루시는 하나님

개역개정

28 우리가 알거니와 하나님을 사랑하는 자 곧 그의 뜻대로
부르심을 입은 자들에게는 모든 것이 합력하여 선을 이
루느니라
29 하나님이 미리 아신 자들을 또한 그 아들의 형상을 본
받게 하기 위하여 미리 정하셨으니 이는 그로 많은 형
제 중에서 맏아들이 되게 하려 하심이니라
30 또 미리 정하신 그들을 또한 부르시고 부르신 그들을
또한 의롭다 하시고 의롭다 하신 그들을 또한 영화롭게
하셨느니라

새번역

28 하나님을 사랑하는 사람들, 곧 하나님의 뜻대로 부르심을 받은 사람들
에게는, 모든 일이 서로 협력해서 선을 이룬다는 것을 우리는 압니다.
29 하나님께서는 미리 아신 사람들을 택하셔서, 자기 아들의 형상과 같
은 모습이 되도록 미리 정하셨으니, 이것은 그 아들이 많은 형제 가
운데서 맏아들이 되게 하시려는 것입니다.
30 그리하여 하나님께서는 이미 정하신 사람들을 부르시고, 또한 부르
신 사람들을 의롭게 하시고, 의롭게 하신 사람들을 또한 영화롭게 하
셨습니다.

Romans 8:12-30

NIV 28 And we know that in all things God works for the
good of those who love him, who have been called
according to his purpose.
29 For those God foreknew he also predestined to be
conformed to the image of his Son, that he might
be the firstborn among many brothers and sisters.
30 And those he predestined, he also called; those he
called, he also justified; those he justified, he also
glorified.

말씀암송으로 얻은 은혜와 묵상

시편 50:14,15

감사제사와 서원 갚음

개역개정

14 감사로 하나님께 제사를 드리며 지존하신 이에게 네 서
원을 갚으며

15 환난 날에 나를 부르라 내가 너를 건지리니 네가 나를
영화롭게 하리로다

새번역

14 감사제사를 하나님께 드리며, 너희의 서원한 것을 가장 높으신 분에
게 갚아라.

15 그리고 재난의 날에 나를 불러라. 내가 너를 구하여 줄 것이요, 너는
나에게 영광을 돌리게 될 것이다.

Psalm 50:14,15

NIV

14 “Sacrifice thank offerings to God, fulfill your vows
to the Most High,
15 and call on me in the day of trouble; I will deliver
you, and you will honor me.”

말씀암송으로 얻은 은혜와 묵상

이사야서 53:1-12*

연한 순

개역개정

1 우리가 전한 것을 누가 믿었느냐 여호와의 팔이 누구에
게 나타났느냐
2 그는 주 앞에서 자라나기를 연한 순 같고 마른 땅에서
나온 뿌리 같아서 고운 모양도 없고 풍채도 없은즉 우리
가 보기에 흠모할 만한 아름다운 것이 없도다
3 그는 멸시를 받아 사람들에게 버림 받았으며 간고를 많
이 겪었으며 질고를 아는 자라 마치 사람들이 그에게서
얼굴을 가리는 것 같이 멸시를 당하였고 우리도 그를 귀
히 여기지 아니하였도다

새번역

1 우리가 들은 것을 누가 믿었느냐? 주님의 능력이 누구에게 나타났느
냐?
2 그는 주님 앞에서, 마치 연한 순과 같이, 마른 땅에서 나온 싹과 같이
자라서, 그에게는 고운 모양도 없고, 훌륭한 풍채도 없으니, 우리가 보
기에 흠모할 만한 아름다운 모습이 없다.
3 그는 사람들에게 멸시를 받고, 버림을 받고, 고통을 많이 겪었다. 그는
언제나 병을 앓고 있었다. 사람들이 그에게서 얼굴을 돌렸고, 그가 멸
시를 받으니, 우리도 덩달아 그를 귀하게 여기지 않았다.

Isaiah 53:1-12*

NIV

1 Who has believed our message and to whom has the
arm of the Lord been revealed?

2 He grew up before him like a tender shoot, and
like a root out of dry ground. He had no beauty
or majesty to attract us to him, nothing in his
appearance that we should desire him.

3 He was despised and rejected by mankind, a man
of suffering, and familiar with pain. Like one from
whom people hide their faces he was despised, and
we held him in low esteem.

말씀암송으로 얻은 은혜와 묵상

이사야서 53:1-12*

그가 찔리고 상함은

개역개정

4 그는 실로 우리의 질고를 지고 우리의 슬픔을 당하였거
늘 우리는 생각하기를 그는 징벌을 받아 하나님께 맞으
며 고난을 당한다 하였노라
5 그가 찔림은 우리의 허물 때문이요 그가 상함은 우리의
죄악 때문이라 그가 징계를 받으므로 우리는 평화를 누
리고 그가 채찍에 맞으므로 우리는 나음을 받았도다

새번역

4 그는 실로 우리가 받아야 할 고통을 대신 받고, 우리가 겪어야 할 슬
픔을 대신 겪었다. 그러나 우리는, 그가 징벌을 받아서 하나님에게 맞
으며, 고난을 받는다고 생각하였다.
5 그러나 그가 찔린 것은 우리의 허물 때문이고, 그가 상처를 받은 것은
우리의 악함 때문이다. 그가 징계를 받음으로써 우리가 평화를 누리
고, 그가 매를 맞음으로써 우리의 병이 나았다.

Isaiah 53:1-12*

NIV

4 Surely he took up our pain and bore our suffering,
yet we considered him punished by God, stricken by
him, and afflicted.

5 But he was pierced for our transgressions, he was
crushed for our iniquities; the punishment that
brought us peace was on him, and by his wounds we
are healed.

말씀암송으로 얻은 은혜와 묵상

이사야서 53:1-12*

우리는 다 양 같아서

개역개정

6 우리는 다 양 같아서 그릇 행하여 각기 제 길로 갔거늘 여
호와께서는 우리 모두의 죄악을 그에게 담당시키셨도다
7 그가 곤욕을 당하여 괴로울 때에도 그의 입을 열지 아니
하였음이여 마치 도수장으로 끌려 가는 어린 양과 털 깎
는 자 앞에서 잠잠한 양 같이 그의 입을 열지 아니하였
도다
8 그는 곤욕과 심문을 당하고 끌려 갔으나 그 세대 중에 누
가 생각하기를 그가 살아 있는 자들의 땅에서 끊어짐은
마땅히 형벌 받을 내 백성의 허물 때문이라 하였으리요

새번역

6 우리는 모두 양처럼 길을 잃고, 각기 제 갈 길로 흩어졌으나, 주님께서
우리 모두의 죄악을 그에게 지우셨다.
7 그는 굴욕을 당하고 고문을 당하였으나, 아무 말도 하지 않았다. 마치
도살장으로 끌려가는 어린 양처럼, 마치 털 깎는 사람 앞에서 잠잠한
암양처럼, 끌려가기만 할 뿐, 아무 말도 하지 않았다.
8 그가 체포되어 유죄판결을 받았지만 그 세대 사람들 가운데서 어느
누가, 그가 사람 사는 땅에서 격리된 것을 보고서, 그것이 바로 형벌을
받아야 할 내 백성의 허물 때문이라고 생각하였느냐?

Isaiah 53:1-12*

NIV

6 We all, like sheep, have gone astray, each of us has
turned to our own way; and the Lord has laid on him
the iniquity of us all.

7 He was oppressed and afflicted, yet he did not open
his mouth; he was led like a lamb to the slaughter,
and as a sheep before its shearers is silent, so he did
not open his mouth.

8 By oppression and judgment he was taken away. Yet
who of his generation protested? For he was cut off
from the land of the living; for the transgression of
my people he was punished.

말씀암송으로 얻은 은혜와 묵상

이사야서 53:1-12*

주의 뜻을 성취하리로다

개역개정

9 그는 강포를 행하지 아니하였고 그의 입에 거짓이 없었
으나 그의 무덤이 악인들과 함께 있었으며 그가 죽은
후에 부자와 함께 있었도다

10 여호와께서 그에게 상함을 받게 하시기를 원하사 질고
를 당하게 하셨은즉 그의 영혼을 속건제물로 드리기에
이르면 그가 씨를 보게 되며 그의 날은 길 것이요 또 그
의 손으로 여호와께서 기뻐하시는 뜻을 성취하리로다

새번역

9 그는 폭력을 휘두르지도 않았고, 거짓말도 하지 않았지만, 사람들은
그에게 악한 사람과 함께 묻힐 무덤을 주었고, 죽어서 부자와 함께
들어가게 하였다.

10 주님께서 그를 상하게 하고자 하셨다. 주님께서 그를 병들게 하셨다.
그가 그의 영혼을 속건제물로 여기면, 그는 자손을 볼 것이며, 오래오
래 살 것이다. 주님께서 세우신 뜻을 그가 이루어 드릴 것이다.

Isaiah 53:1-12*

NIV

9 He was assigned a grave with the wicked, and
with the rich in his death, though he had done no
violence, nor was any deceit in his mouth.

10 Yet it was the Lord's will to crush him and cause
him to suffer, and though the Lord makes his life
an offering for sin, he will see his offspring and
prolong his days, and the will of the Lord will
prosper in his hand.

말씀암송으로 얻은 은혜와 묵상

이사야서 53:1-12*

대속의 은혜

개역개정

11 그가 자기 영혼의 수고한 것을 보고 만족하게 여길 것
이라 나의 의로운 종이 자기 지식으로 많은 사람을 의
롭게 하며 또 그들의 죄악을 친히 담당하리로다
12 그러므로 내가 그에게 존귀한 자와 함께 몫을 받게 하
며 강한 자와 함께 탈취한 것을 나누게 하리니 이는 그
가 자기 영혼을 버려 사망에 이르게 하며 범죄자 중 하
나로 헤아림을 받았음이니라 그러나 그가 많은 사람의
죄를 담당하며 범죄자를 위하여 기도하였느니라

새번역

11 고난을 당하고 난 뒤에, 그는 생명의 빛을 보고 만족할 것이다. 나의
의로운 종이 자기의 지식으로 많은 사람을 의롭게 할 것이다. 그는
다른 사람들이 받아야 할 형벌을 자기가 짊어질 것이다.
12 그러므로 나는 그가 존귀한 자들과 함께 자기 몫을 차지하게 하며,
강한 자들과 함께 전리품을 나누게 하겠다. 그는 죽는 데까지 자기의
영혼을 서슴없이 내맡기고, 남들이 죄인처럼 여기는 것도 마다하지
않았다. 그는 많은 사람의 죄를 대신 짊어졌고, 죄 지은 사람들을 살
리려고 중재에 나선 것이다.

Isaiah 53:1-12*

NIV

11 After he has suffered, he will see the light of life
and be satisfied; by his knowledge my righteous
servant will justify many, and he will bear their
iniquities.
12 Therefore I will give him a portion among the
great, and he will divide the spoils with the strong,
because he poured out his life unto death, and
was numbered with the transgressors. For he bore
the sin of many, and made intercession for the
transgressors.

말씀암송으로 얻은 은혜와 묵상

로마서 12:1-21*

거룩한 산 제사

개역개정

1 그러므로 형제들아 내가 하나님의 모든 자비하심으로
너희를 권하노니 너희 몸을 하나님이 기뻐하시는 거룩
한 산 제물로 드리라 이는 너희가 드릴 영적 예배니라
2 너희는 이 세대를 본받지 말고 오직 마음을 새롭게 함으
로 변화를 받아 하나님의 선하시고 기뻐하시고 온전하
신 뜻이 무엇인지 분별하도록 하라

새번역

1 형제자매 여러분, 그러므로 나는 하나님의 자비하심을 힘입어 여러분
에게 권합니다. 여러분의 몸을 하나님께서 기뻐하실 거룩한 산 제물
로 드리십시오. 이것이 여러분이 드릴 합당한 예배입니다.
2 여러분은 이 시대의 풍조를 본받지 말고, 마음을 새롭게 함으로 변화
를 받아서, 하나님의 선하시고 기뻐하시고 완전하신 뜻이 무엇인지를
분별하도록 하십시오.

Romans 12:1-21*

NIV
1 Therefore, I urge you, brothers and sisters, in view
of God's mercy, to offer your bodies as a living
sacrifice, holy and pleasing to God—this is your
true and proper worship.
2 Do not conform to the pattern of this world, but be
transformed by the renewing of your mind. Then
you will be able to test and approve what God's will
is—his good, pleasing and perfect will.

말씀암송으로 얻은 은혜와 묵상

로마서 12:1-21*

그리스도 안에서의 한 몸

개역개정

3 내게 주신 은혜로 말미암아 너희 각 사람에게 말하노니
마땅히 생각할 그 이상의 생각을 품지 말고 오직 하나님
께서 각 사람에게 나누어 주신 믿음의 분량대로 지혜롭
게 생각하라

4 우리가 한 몸에 많은 지체를 가졌으나 모든 지체가 같은
기능을 가진 것이 아니니

5 이와 같이 우리 많은 사람이 그리스도 안에서 한 몸이
되어 서로 지체가 되었느니라

새번역

3 나는 내가 받은 은혜를 힘입어서, 여러분 각 사람에게 말합니다. 여러
분은 스스로 마땅히 생각해야 하는 것 이상으로 생각하지 말고, 하나
님께서 각 사람에게 나누어주신 믿음의 분량대로, 분수에 맞게 생각
하십시오.

4 한 몸에 많은 지체가 있으나, 그 지체들이 다 같은 일을 하는 것이 아
닙니다.

5 이와 같이, 우리도 여럿이지만 그리스도 안에서 한 몸을 이루고 있으
며, 각 사람은 서로 지체입니다.

Romans 12:1-21*

NIV

3 For by the grace given me I say to every one of you: Do not think of yourself more highly than you ought, but rather think of yourself with sober judgment, in accordance with the faith God has distributed to each of you.

4 For just as each of us has one body with many members, and these members do not all have the same function,

5 so in Christ we, though many, form one body, and each member belongs to all the others.

말씀암송으로 얻은 은혜와 묵상

로마서 12:1-21*

받은 은사대로

개역개정

6 우리에게 주신 은혜대로 받은 은사가 각각 다르니 혹 예
언이면 믿음의 분수대로,
7 혹 섬기는 일이면 섬기는 일로, 혹 가르치는 자면 가르
치는 일로,
8 혹 위로하는 자면 위로하는 일로, 구제하는 자는 성실함
으로, 다스리는 자는 부지런함으로, 긍휼을 베푸는 자는
즐거움으로 할 것이니라

새번역

6 하나님께서 우리에게 주신 은혜를 따라, 우리는 저마다 다른 신령한
선물을 가지고 있습니다. 가령, 그것이 예언이면 믿음의 정도에 맞게
예언할 것이요,
7 섬기는 일이면 섬기는 일에 힘써야 합니다. 또 가르치는 사람이면 가
르치는 일에,
8 권면하는 사람이면 권면하는 일에 힘쓸 것이요, 나누어 주는 사람은
순수한 마음으로, 지도하는 사람은 열성으로, 자선을 베푸는 사람은
기쁜 마음으로 해야 합니다.

Romans 12:1-21*

NIV

6 We have different gifts, according to the grace
given to each of us. If your gift is prophesying, then
prophesy in accordance with your faith;
7 if it is serving, then serve; if it is teaching, then
teach;
8 if it is to encourage, then give encouragement; if it
is giving, then give generously; if it is to lead, do it
diligently; if it is to show mercy, do it cheerfully.

말씀암송으로 얻은 은혜와 묵상

로마서 12:1-21*

형제 사랑

개역개정

9 사랑에는 거짓이 없나니 악을 미워하고 선에 속하라

10 형제를 사랑하여 서로 우애하고 존경하기를 서로 먼저 하며

11 부지런하여 게으르지 말고 열심을 품고 주를 섬기라

12 소망 중에 즐거워하며 환난 중에 참으며 기도에 항상 힘쓰며

13 성도들의 쓸 것을 공급하며 손 대접하기를 힘쓰라

새번역

9 사랑에는 거짓이 없어야 합니다. 악한 것을 미워하고, 선한 것을 굳게 잡으십시오.

10 형제의 사랑으로 서로 다정하게 대하며, 존경하기를 서로 먼저 하십시오.

11 열심을 내어서 부지런히 일하며, 성령으로 뜨거워진 마음을 가지고 주님을 섬기십시오.

12 소망을 품고 즐거워하며, 환난을 당할 때에 참으며, 기도를 꾸준히 하십시오.

13 성도들이 쓸 것을 공급하고, 손님 대접하기를 힘쓰십시오.

Romans 12:1-21*

NIV

9 Love must be sincere. Hate what is evil; cling to
what is good.

10 Be devoted to one another in love. Honor one
another above yourselves.

11 Never be lacking in zeal, but keep your spiritual
fervor, serving the Lord.

12 Be joyful in hope, patient in affliction, faithful in
prayer.

13 Share with the Lord's people who are in need.
Practice hospitality.

말씀암송으로 얻은 은혜와 묵상

로마서 12:1-21*

더불어 평화하라

개역개정

14 너희를 박해하는 자를 축복하라 축복하고 저주하지
말라
15 즐거워하는 자들과 함께 즐거워하고 우는 자들과 함께
울라
16 서로 마음을 같이하며 높은 데 마음을 두지 말고 도리
어 낮은 데 처하며 스스로 지혜 있는 체 하지 말라
17 아무에게도 악을 악으로 갚지 말고 모든 사람 앞에서
선한 일을 도모하라
18 할 수 있거든 너희로서는 모든 사람과 더불어 화목하라

새번역

14 여러분을 박해하는 사람들을 축복하십시오. 축복을 하고, 저주를 하
지 마십시오.
15 기뻐하는 사람들과 함께 기뻐하고, 우는 사람들과 함께 우십시오.
16 서로 한 마음이 되고, 교만한 마음을 품지 말고, 비천한 사람들과 함
께 사귀고, 스스로 지혜가 있는 체하지 마십시오.
17 아무에게도 악을 악으로 갚지 말고, 모든 사람이 선하다고 생각하는
일을 하려고 애쓰십시오.
18 여러분 쪽에서 할 수 있는 대로 모든 사람과 더불어 화평하게 지내십
시오.

Romans 12:1-21*

NIV

14 Bless those who persecute you; bless and do not
curse.

15 Rejoice with those who rejoice; mourn with those
who mourn.

16 Live in harmony with one another. Do not be
proud, but be willing to associate with people of
low position. Do not be conceited.

17 Do not repay anyone evil for evil. Be careful to do
what is right in the eyes of everyone.

18 If it is possible, as far as it depends on you, live at
peace with everyone.

말씀암송으로 얻은 은혜와 묵상

로마서 12:1-21*

선으로 악을 이기라

개역개정

19 내 사랑하는 자들아 너희가 친히 원수를 갚지 말고 하
나님의 진노하심에 맡기라 기록되었으되 원수 갚는 것
이 내게 있으니 내가 갚으리라고 주께서 말씀하시니라
20 네 원수가 주리거든 먹이고 목마르거든 마시게 하라 그
리함으로 네가 숯불을 그 머리에 쌓아 놓으리라
21 악에게 지지 말고 선으로 악을 이기라

새번역

19 사랑하는 여러분, 여러분은 스스로 원수를 갚지 말고, 그 일은 하나
님의 진노하심에 맡기십시오. 성경에도 기록하기를 "'원수 갚는 것은
내가 할 일이니, 내가 갚겠다'고 주님께서 말씀하신다" 하였습니다.
20 "네 원수가 주리거든 먹을 것을 주고, 그가 목말라 하거든 마실 것을
주어라. 그렇게 하는 것은, 네가 그의 머리 위에다가 숯불을 쌓는 셈
이 될 것이다" 하였습니다.
21 악에게 지지 말고, 선으로 악을 이기십시오.

Romans 12:1-21*

NIV

19 Do not take revenge, my dear friends, but leave
room for God's wrath, for it is written: "It is mine
to avenge; I will repay," says the Lord.

20 On the contrary: "If your enemy is hungry, feed
him; if he is thirsty, give him something to drink.
In doing this, you will heap burning coals on his
head."

21 Do not be overcome by evil, but overcome evil
with good.

말씀암송으로 얻은 은혜와 묵상

이사야서 55:1-13*

목마른 자들아 물로 나아오라

개역개정

1 오호라 너희 모든 목마른 자들아 물로 나아오라 돈 없는
자도 오라 너희는 와서 사 먹되 돈 없이, 값 없이 와서 포
도주와 젖을 사라

2 너희가 어찌하여 양식이 아닌 것을 위하여 은을 달아 주
며 배부르게 하지 못할 것을 위하여 수고하느냐 내게 듣
고 들을지어다 그리하면 너희가 좋은 것을 먹을 것이며
너희 자신들이 기름진 것으로 즐거움을 얻으리라

새번역

1 너희 모든 목마른 사람들아, 어서 물로 나오너라. 돈이 없는 사람도 오
너라. 너희는 와서 사서 먹되, 돈도 내지 말고 값도 지불하지 말고 포
도주와 젖을 사거라.

2 어찌하여 너희는 양식을 얻지도 못하면서 돈을 지불하며, 배부르게
하여 주지도 못하는데, 그것 때문에 수고하느냐? 들어라, 내가 하는
말을 들어라. 그리하면 너희가 좋은 것을 먹으며, 기름진 것으로 너희
마음이 즐거울 것이다.

Isaiah 55:1-13*

NIV

1 Come, all you who are thirsty, come to the waters;
and you who have no money, come, buy and eat!
Come, buy wine and milk without money and
without cost.

2 Why spend money on what is not bread, and your
labor on what does not satisfy? Listen, listen to me,
and eat what is good, and you will delight in the
richest of fare.

말씀암송으로 얻은 은혜와 묵상

이사야서 55:1-13*

너희 영혼이 살리라

개역개정

3 너희는 귀를 기울이고 내게로 나아와 들으라 그리하면
너희의 영혼이 살리라 내가 너희를 위하여 영원한 언약
을 맺으리니 곧 다윗에게 허락한 확실한 은혜이니라
4 보라 내가 그를 만민에게 증인으로 세웠고 만민의 인도
자와 명령자로 삼았나니
5 보라 네가 알지 못하는 나라를 네가 부를 것이며 너를
알지 못하는 나라가 네게로 달려올 것은 여호와 네 하나
님 곧 이스라엘의 거룩하신 이로 말미암음이니라 이는
그가 너를 영화롭게 하였느니라

새번역

3 너희는 귀를 기울이고, 나에게 와서 들어라. 그러면 너희 영혼이 살 것
이다. 내가 너희와 영원한 언약을 맺겠으니, 이것은 곧 다윗에게 베푼
나의 확실한 은혜다.
4 내가 그를 많은 민족 앞에 증인으로 세웠고, 많은 민족들의 인도자와
명령자로 삼았다.
5 네가 알지 못하는 나라를 네가 부를 것이며, 너를 알지 못하는 나라가
너에게 달려올 것이니, 이는 주 너의 하나님, 이스라엘의 거룩하신 하
나님께서 너를 영화롭게 하시기 때문이다.

Isaiah 55:1-13*

NIV

3 Give ear and come to me; listen, that you may live.
I will make an everlasting covenant with you, my
faithful love promised to David.

4 See, I have made him a witness to the peoples, a
ruler and commander of the peoples.

5 Surely you will summon nations you know not, and
nations you do not know will come running to you,
because of the Lord your God, the Holy One of
Israel, for he has endowed you with splendor.

말씀암송으로 얻은 은혜와 묵상

이사야서 55:1-13*

여호와께로 돌아오라

개역개정

6 너희는 여호와를 만날 만한 때에 찾으라 가까이 계실 때
에 그를 부르라
7 악인은 그의 길을, 불의한 자는 그의 생각을 버리고 여
호와께로 돌아오라 그리하면 그가 긍휼히 여기시리라
우리 하나님께로 돌아오라 그가 너그럽게 용서하시리라
8 이는 내 생각이 너희의 생각과 다르며 내 길은 너희의
길과 다름이니라 여호와의 말씀이니라
9 이는 하늘이 땅보다 높음 같이 내 길은 너희의 길보다
높으며 내 생각은 너희의 생각보다 높음이니라

새번역

6 너희는, 만날 수 있을 때에 주님을 찾아라. 너희는, 가까이 계실 때에
주님을 불러라.
7 악한 자는 그 길을 버리고, 불의한 자는 그 생각을 버리고, 주님께 돌
아오너라. 주님께서 그에게 긍휼을 베푸실 것이다. 우리의 하나님께로
돌아오너라. 주님께서 너그럽게 용서하여 주실 것이다.
8 "나의 생각은 너희의 생각과 다르며, 너희의 길은 나의 길과 다르다."
주님께서 하신 말씀이다.
9 "하늘이 땅보다 높듯이, 나의 길은 너희의 길보다 높으며, 나의 생각
은 너희의 생각보다 높다.

Isaiah 55:1-13*

NIV

6 Seek the Lord while he may be found; call on him
while he is near.

7 Let the wicked forsake their ways and the
unrighteous their thoughts. Let them turn to the
Lord, and he will have mercy on them, and to our
God, for he will freely pardon.

8 "For my thoughts are not your thoughts, neither are
your ways my ways," declares the Lord.

9 "As the heavens are higher than the earth, so are my
ways higher than your ways and my thoughts than
your thoughts.

말씀암송으로 얻은 은혜와 묵상

이사야서 55:1-13*

내 입에서 나가는 말

개역개정

10 이는 비와 눈이 하늘로부터 내려서 그리로 되돌아가지
아니하고 땅을 적셔서 소출이 나게 하며 싹이 나게 하
여 파종하는 자에게는 종자를 주며 먹는 자에게는 양식
을 줌과 같이
11 내 입에서 나가는 말도 이와 같이 헛되이 내게로 되돌
아오지 아니하고 나의 기뻐하는 뜻을 이루며 내가 보낸
일에 형통함이니라

새번역

10 비와 눈이 하늘에서 내려서, 땅을 적셔서 싹이 돋아 열매를 맺게 하
고, 씨뿌리는 사람에게 씨앗을 주고, 사람에게 먹거리를 주고 나서야,
그 근원으로 돌아가는 것처럼,
11 나의 입에서 나가는 말도, 내가 뜻하는 바를 이루고 나서야, 내가 하
라고 보낸 일을 성취하고 나서야, 나에게로 돌아올 것이다."

Isaiah 55:1-13*

NIV

10 As the rain and the snow come down from heaven,
and do not return to it without watering the earth
and making it bud and flourish, so that it yields
seed for the sower and bread for the eater,
11 so is my word that goes out from my mouth: It will
not return to me empty, but will accomplish what I
desire and achieve the purpose for which I sent it.

말씀암송으로 얻은 은혜와 묵상

이사야서 55:1-13*

평안히 인도함을 받으리라

개역개정

12 너희는 기쁨으로 나아가며 평안히 인도함을 받을 것이
요 산들과 언덕들이 너희 앞에서 노래를 발하고 들의
모든 나무가 손뼉을 칠 것이며

13 잣나무는 가시나무를 대신하여 나며 화석류는 찔레를
대신하여 날 것이라 이것이 여호와의 기념이 되며 영영
한 표징이 되어 끊어지지 아니하리라

새번역

12 참으로 너희는 기뻐하면서 바빌론을 떠날 것이며, 평안히 인도받아
나아올 것이다. 산과 언덕이 너희 앞에서 소리 높여 노래하며, 들의
모든 나무가 손뼉을 칠 것이다.

13 가시나무가 자라던 곳에는 잣나무가 자랄 것이며, 찔레나무가 자라
던 곳에는 화석류가 자랄 것이다. 이것은 영원토록 남아 있어서, 주님
께서 하신 일을 증언할 것이다.

Isaiah 55:1-13*

NIV

12 You will go out in joy and be led forth in peace; the
mountains and hills will burst into song before you,
and all the trees of the field will clap their hands.
13 Instead of the thornbush will grow the juniper, and
instead of briers the myrtle will grow. This will be
for the Lord's renown, for an everlasting sign, that
will endure forever."

말씀암송으로 얻은 은혜와 묵상

시편 51:1-19*

내 죄과를 도말하소서

개역개정

1 하나님이여 주의 인자를 따라 내게 은혜를 베푸시며 주
의 많은 긍휼을 따라 내 죄악을 지워 주소서
2 나의 죄악을 말갛게 씻으시며 나의 죄를 깨끗이 제하소서
3 무릇 나는 내 죄과를 아오니 내 죄가 항상 내 앞에 있나
이다
4 내가 주께만 범죄하여 주의 목전에 악을 행하였사오니
주께서 말씀하실 때에 의로우시다 하고 주께서 심판하
실 때에 순전하시다 하리이다

새번역

1 하나님, 주님의 한결같은 사랑으로 내게 자비를 베풀어 주십시오. 주
님의 크신 긍휼을 베푸시어 내 반역죄를 없애 주십시오.
2 내 죄악을 말끔히 씻어 주시고, 내 죄를 깨끗이 없애 주십시오.
3 나의 반역을 내가 잘 알고 있으며, 내가 지은 죄가 언제나 나를 고발
합니다.
4 주님께만, 오직 주님께만, 나는 죄를 지었습니다. 주님의 눈 앞에서,
내가 악한 짓을 저질렀으니, 주님의 판결은 옳으시며 주님의 심판은
정당합니다.

Psalm 51:1-19*

NIV
1 Have mercy on me, O God, according to your unfailing love; according to your great compassion blot out my transgressions.

2 Wash away all my iniquity and cleanse me from my sin.

3 For I know my transgressions, and my sin is always before me.

4 Against you, you only, have I sinned and done what is evil in your sight; so you are right in your verdict and justified when you judge.

말씀암송으로 얻은 은혜와 묵상

시편 51:1-19*

우슬초로 나를 정결케 하소서

개역개정

5 내가 죄악 중에서 출생하였음이여 어머니가 죄 중에서 나를 잉태하였나이다

6 보소서 주께서는 중심이 진실함을 원하시오니 내게 지혜를 은밀히 가르치시리이다

7 우슬초로 나를 정결하게 하소서 내가 정하리이다 나의 죄를 씻어 주소서 내가 눈보다 희리이다

8 내게 즐겁고 기쁜 소리를 들려 주시사 주께서 꺾으신 뼈들도 즐거워하게 하소서

새번역

5 실로, 나는 죄 중에 태어났고, 어머니의 태 속에 있을 때부터 죄인이었습니다.

6 마음 속의 진실을 기뻐하시는 주님, 제 마음 깊은 곳에 주님의 지혜를 가르쳐 주셨습니다.

7 우슬초로 나를 정결케 해주십시오. 내가 깨끗하게 될 것입니다. 나를 씻어 주십시오. 내가 눈보다 더 희게 될 것입니다.

8 기쁨과 즐거움의 소리를 들려주십시오. 주님께서 꺾으신 뼈들도, 기뻐하며 춤출 것입니다.

Psalm 51:1-19*

NIV

5 Surely I was sinful at birth, sinful from the time my mother conceived me.

6 Yet you desired faithfulness even in the womb; you taught me wisdom in that secret place.

7 Cleanse me with hyssop, and I will be clean; wash me, and I will be whiter than snow.

8 Let me hear joy and gladness; let the bones you have crushed rejoice.

말씀암송으로 얻은 은혜와 묵상

시편 51:1-19*

정직한 영을 새롭게 하소서

개역개정

9 주의 얼굴을 내 죄에서 돌이키시고 내 모든 죄악을 지
워 주소서

10 하나님이여 내 속에 정한 마음을 창조하시고 내 안에
정직한 영을 새롭게 하소서

11 나를 주 앞에서 쫓아내지 마시며 주의 성령을 내게서
거두지 마소서

12 주의 구원의 즐거움을 내게 회복시켜 주시고 자원하는
심령을 주사 나를 붙드소서

새번역

9 주님의 눈을 내 죄에서 돌리시고, 내 모든 죄악을 없애 주십시오.

10 아, 하나님, 내 속에 깨끗한 마음을 창조하여 주시고 내 속을 견고한
심령으로 새롭게 하여 주십시오.

11 주님 앞에서 나를 쫓아내지 마시며, 주님의 성령을 나에게서 거두어
가지 말아 주십시오.

12 주님께서 베푸시는 구원의 기쁨을 내게 회복시켜 주시고, 내가 지탱
할 수 있도록 내게 자발적인 마음을 주십시오.

Psalm 51:1-19*

NIV

9 Hide your face from my sins and blot out all my iniquity.

10 Create in me a pure heart, O God, and renew a steadfast spirit within me.

11 Do not cast me from your presence or take your Holy Spirit from me.

12 Restore to me the joy of your salvation and grant me a willing spirit, to sustain me.

말씀암송으로 얻은 은혜와 묵상

시편 51:1-19*

피 흘린 죄에서 나를 건지소서

개역개정

13 그리하면 내가 범죄자에게 주의 도를 가르치리니 죄인
들이 주께 돌아오리이다
14 하나님이여 나의 구원의 하나님이여 피 흘린 죄에서 나
를 건지소서 내 혀가 주의 의를 높이 노래하리이다
15 주여 내 입술을 열어 주소서 내 입이 주를 찬송하여 전
파하리이다

새번역

13 반역하는 죄인들에게 내가 주님의 길을 가르치게 하여 주십시오. 죄
인들이 주님께로 돌아올 것입니다.
14 하나님, 나를 구원하시는 하나님, 내가 살인죄를 짓지 않게 지켜 주십
시오. 내 혀가 주님의 의로우심을 소리 높여 외칠 것입니다.
15 주님, 내 입술을 열어 주십시오. 주님을 찬양하는 노래를 내 입술로
전파하렵니다.

Psalm 51:1-19*

NIV

13 Then I will teach transgressors your ways, so that
sinners will turn back to you.
14 Deliver me from the guilt of bloodshed, O God,
you who are God my Savior, and my tongue will
sing of your righteousness.
15 Open my lips, Lord, and my mouth will declare
your praise.

말씀암송으로 얻은 은혜와 묵상

시편 51:1-19*

의로운 제사와 번제

개역개정

16 주께서는 제사를 기뻐하지 아니하시나니 그렇지 아니하
면 내가 드렸을 것이라 주는 번제를 기뻐하지 아니하시나
이다
17 하나님께서 구하시는 제사는 상한 심령이라 하나님이여
상하고 통회하는 마음을 주께서 멸시하지 아니하시리이다
18 주의 은택으로 시온에 선을 행하시고 예루살렘 성을 쌓으
소서
19 그 때에 주께서 의로운 제사와 번제와 온전한 번제를 기뻐
하시리니 그 때에 그들이 수소를 주의 제단에 드리리이다

새번역

16 주님은 제물을 반기지 않으시며, 내가 번제를 드리더라도 기뻐하지
않으십니다.
17 하나님께서 원하시는 제물은 찢겨진 심령입니다. 오, 하나님, 주님은
찢겨지고 짓밟힌 마음을 멸시하지 않으십니다.
18 주님의 은혜로 시온을 잘 돌보아주시고, 예루살렘 성벽을 견고히 세
워 주십시오.
19 그 때에 주님은 올바른 제사와 번제와 온전한 제물을 기쁨으로 받으
실 것이니, 그 때에 사람들이 주님의 제단 위에 수송아지를 드릴 것
입니다.

Psalm 51:1-19*

NIV
16 You do not delight in sacrifice, or I would bring it;
you do not take pleasure in burnt offerings.
17 My sacrifice, O God, is a broken spirit; a broken
and contrite heart you, God, will not despise.
18 May it please you to prosper Zion, to build up the
walls of Jerusalem.
19 Then you will delight in the sacrifices of the
righteous, in burnt offerings offered whole; then
bulls will be offered on your altar.

말씀암송으로 얻은 은혜와 묵상

로마서 1:1-4

복음의 비밀

개역개정

1 예수 그리스도의 종 바울은 사도로 부르심을 받아 하나
님의 복음을 위하여 택정함을 입었으니

2 이 복음은 하나님이 선지자들을 통하여 그의 아들에 관
하여 성경에 미리 약속하신 것이라

3 그의 아들에 관하여 말하면 육신으로는 다윗의 혈통에
서 나셨고

4 성결의 영으로는 죽은 자들 가운데서 부활하사 능력으
로 하나님의 아들로 선포되셨으니 곧 우리 주 예수 그리
스도시니라

새번역

1 그리스도 예수의 종인 나 바울은 부르심을 받아 사도가 되었습니다.
나는 하나님의 복음을 전하기 위하여 따로 세우심을 받았습니다.

2 이 복음은 하나님께서 예언자들을 통하여 성경에 미리 약속하신 것으로

3 그의 아들을 두고 하신 말씀입니다. 이 아들은, 육신으로는 다윗의 후
손으로 태어나셨으며,

4 성령으로는 죽은 사람들 가운데서 부활하심으로 나타내신 권능으로
하나님의 아들로 확정되신 분이십니다. 그는 곧 우리 주 예수 그리스
도이십니다.

Romans 1:1-4

NIV 1 Paul, a servant of Christ Jesus, called to be an
apostle and set apart for the gospel of God—
2 the gospel he promised beforehand through his
prophets in the Holy Scriptures
3 regarding his Son, who as to his earthly life was a
descendant of David,
4 and who through the Spirit of holiness was appointed
the Son of God in power by his resurrection from
the dead: Jesus Christ our Lord.

말씀암송으로 얻은 은혜와 묵상

히브리서 4:12,13

하나님의 말씀

개역개정

12 하나님의 말씀은 살아 있고 활력이 있어 좌우에 날선 어
떤 검보다도 예리하여 혼과 영과 및 관절과 골수를 찔러
쪼개기까지 하며 또 마음의 생각과 뜻을 판단하나니
13 지으신 것이 하나도 그 앞에 나타나지 않음이 없고 우
리의 결산을 받으실 이의 눈 앞에 만물이 벌거벗은 것
같이 드러나느니라

새번역

12 하나님의 말씀은 살아 있고 힘이 있어서, 어떤 양날칼보다도 더 날카
롭습니다. 그래서, 사람 속을 꿰뚫어 혼과 영을 갈라내고, 관절과 골
수를 갈라놓기까지 하며, 마음에 품은 생각과 의도를 밝혀냅니다.
13 하나님 앞에는 아무 피조물도 숨겨진 것이 없고, 모든 것이 그의 눈
앞에 벌거숭이로 드러나 있습니다. 우리는 그의 앞에 모든 것을 드러
내 놓아야 합니다.

Hebrews 4:12,13

NIV

12 For the word of God is alive and active. Sharper
than any double-edged sword, it penetrates even
to dividing soul and spirit, joints and marrow; it
judges the thoughts and attitudes of the heart.
13 Nothing in all creation is hidden from God's sight.
Everything is uncovered and laid bare before the
eyes of him to whom we must give account.

말씀암송으로 얻은 은혜와 묵상

이사야서 43:19-21

보라 내가 새 일을 행하리라

개역개정

19 보라 내가 새 일을 행하리니 이제 나타낼 것이라 너희
가 그것을 알지 못하겠느냐 반드시 내가 광야에 길을
사막에 강을 내리니
20 장차 들짐승 곧 승냥이와 타조도 나를 존경할 것은 내
가 광야에 물을, 사막에 강들을 내어 내 백성, 내가 택한
자에게 마시게 할 것임이라
21 이 백성은 내가 나를 위하여 지었나니 나를 찬송하게
하려 함이니라

새번역

19 내가 이제 새 일을 하려고 한다. 이 일이 이미 드러나고 있는데, 너희
가 그것을 알지 못하겠느냐? 내가 광야에 길을 내겠으며, 사막에 강
을 내겠다.
20 들짐승들도 나를 공경할 것이다. 이리와 타조도 나를 찬양할 것이다.
내가 택한 내 백성에게 물을 마시게 하려고, 광야에 물을 대고, 사막
에 강을 내었기 때문이다.
21 이 백성은, 나를 위하라고 내가 지은 백성이다. 그들이 나를 찬양할
것이다.

Isaiah 43:19-21

NIV

19 See, I am doing a new thing! Now it springs up;
do you not perceive it? I am making a way in the
wilderness and streams in the wasteland.

20 The wild animals honor me, the jackals and the
owls, because I provide water in the wilderness
and streams in the wasteland, to give drink to my
people, my chosen,

21 the people I formed for myself that they may
proclaim my praise.

말씀암송으로 얻은 은혜와 묵상

이사야서 60:1-3

일어나라 빛을 발하라

개역개정

1 일어나라 빛을 발하라 이는 네 빛이 이르렀고 여호와의 영
광이 네 위에 임하였음이니라
2 보라 어둠이 땅을 덮을 것이며 캄캄함이 만민을 가리려니
와 오직 여호와께서 네 위에 임하실 것이며 그의 영광이 네
위에 나타나리니
3 나라들은 네 빛으로, 왕들은 비치는 네 광명으로 나아오리라

새번역

1 예루살렘아, 일어나서 빛을 비추어라. 구원의 빛이 너에게 비치었으
며, 주님의 영광이 아침 해처럼 너의 위에 떠올랐다.
2 어둠이 땅을 덮으며, 짙은 어둠이 민족들을 덮을 것이다. 그러나 오직
너의 위에는 주님께서 아침 해처럼 떠오르시며, 그의 영광이 너의 위
에 나타날 것이다.
3 이방 나라들이 너의 빛을 보고 찾아오고, 뭇 왕이 떠오르는 너의 광명
을 보고, 너에게로 올 것이다.

Isaiah 60:1-3

NIV

1 "Arise, shine, for your light has come, and the glory
of the Lord rises upon you.
2 See, darkness covers the earth and thick darkness is
over the peoples, but the Lord rises upon you and
his glory appears over you.
3 Nations will come to your light, and kings to the
brightness of your dawn.

말씀암송으로 얻은 은혜와 묵상

제5단계 과정을 마치면서

제5단계까지 마친 분들은 비유하면, 그토록 높게만 보이고 도저히 오르지 못할 것 같던 백운대 정상에 오른 것이다. 아직도 지리산, 한라산, 백두산이 우뚝 서서 우리를 기다리고 있다. 세계로 눈을 돌리면 더더욱 기가 죽는다. 그러나 백운대 정상을 아직 밟아보지 못한 사람에 비하면 얼마나 행복한 일인가? 감개무량할 뿐이다. 처음엔 뒷동산에 오르면서도 헉헉댔지만 이젠 두려울 것이 없다.

> 내게 능력 주시는 자 안에서 내가 모든 것을 할 수 있느니라 _빌 4:13

5단계는 예수님의 '새 계명'(요 13:34,35)부터 시작된다. 그리하여 로마서 8장 중반부와 12장 전장, 이사야서 53장 전장, 55장 전장, 시편 51편 전편, 50편 14,15절, 로마서 1장 1-4절, 히브리서 4장 12,13절을 거쳐 "일어나라 빛을 발하라"로 시작하는 이사야서 60장 1-3절이 대미를 장식한다.

> 새 계명을 너희에게 주노니 서로 사랑하라 내가 너희를 사랑한 것 같이 너희도 서로 사랑하라 너희가 서로 사랑하면 이로써 모든 사람이 너희가 내 제자인 줄 알리라 _요 13:34,35

기독교는 사랑의 종교라고 말한다. 예수님이 우리를 사랑하신 것같이 우리가 서로 사랑할 수만 있다면, 믿는 자의 삶이 아름다워질 것은 말할 것도 없거니와 이를 보고 하나님을 찬양하는 사람들이 늘어남에 따라 전도는 절로 될 것이다. 사랑이 메마른 이 세상에 예수님의 사랑을 본받는 성도가 되기 위하여 5단계를 이 말씀으로 시작한 것이다.

로마서 1장 1-4절에서 받은 은혜는 말로 할 수 없을 만큼 크다. 1절에서 바울은 자신의 사도로 부르심 받은 소명(Calling)과 하나님의 복음을 증거하고 전파할 사명(Mission)을 밝혔다.

나는 성도로 부르심을 받았다는 것과 규장을 통한 문서선교와 이슬비 전도, 성경암송 교육, 303비전 장학사업 등으로 택정함을 입었다는 것을 재확인하게 되었다. 나아가 303비전 장학생들은 목회자로의 부르심과 303비전메이커로 택정함을 입은 것으로 받아들여졌다. 말씀암송으로 신인류를 창조하는 것이 그들의 사명이다.

2절에서는 복음의 정의가 간단명료하게 기록되었으며 3,4절에서는 예수 그리스도의 육신의 혈통과 영적 위상을 정의하고 있다.

이 말씀을 지속적으로 묵상하는 가운데 나의 믿음과 소명 의식, 사명 의식을 더욱더 깊이 깨달아가고 있다.

로마서를 값진 다이아몬드 반지라 비유할 때 8장은 그 다이아몬드 핵에 해당한다고 말하기도 하고, 바울의 기독교 교리장이라고도 일컫는다. 다만 암송하기에 길고 조금 어려운 편이어서 전장 39절 중 4단계에서는 1-11절까지, 5단계에서는 12-30절까지 암송하도록 했다. 나머지 9절은 6단계에서 다루려고 하지만, 그때까지 기다리기 어려운 사람은 내친김에 4,5단계에서 다 암송하면 더욱 좋지 않을까?

로마서 12장은 구원받은 성도가 마땅히 살아갈 도리를 담고 있다.

너희는 이 세대를 본받지 말고 오직 마음을 새롭게 함으로 변화를 받아 하나님의 선하시고 기뻐하시고 온전하신 뜻이 무엇인지 분별하도록 하라 _롬 12:2

마음을 새롭게 하는 으뜸가는 방법의 하나가 말씀암송과 묵상을 체질화하는 것이라 확신한다.

나는 이 말씀을 깊이 묵상하다가 도산 안창호 선생의 흥사단(興士團)의 3대 강령 곧 무실역행(務實力行), 정의돈수(情誼敦修), 대동단결(大同團結)이 바로 이 장을 바탕으로 마련되었다는 것을 발견했다. 도산이 풀이한 바로는 무실역행(務實力行)은 '진실하고 부지런하게 살자', 정의돈수(情誼敦修)는 '사랑하기를 공부하자', 대동단결(大同團結)은 '서로 존중하고 서로 양보하여 하나로 뭉치자'이다. 놀랍게도 로마서 12장 안에 이 내용이 다 들어 있다.

이를테면, 무실역행은 "부지런하여 게으르지 말고 열심을 품고 주를 섬기라"(11절)에서, 정의돈수는 "형제를 사랑하여 서로 우애하고 존경하기를 서로 먼저 하며"(10절)에서, 대동단결은 "서로 마음을 같이하며 높은 데 마음을 두지 말고 도리어 낮은 데 처하며 스스로 지혜 있는 체하지 말라"(16절)에서 각각 영감을 얻은 것 아닌가 싶다. 그 밖에도 로마서 12장 안에는 이 강령에 관련된 말씀으로 가득하다.

히브리서 4장 12,13절은 하나님 말씀의 위대하심을 역력히 나타낸다.

> 하나님의 말씀은 살아 있고 활력이 있어 좌우에 날선 어떤 검보다도 예리하여 혼과 영과 및 관절과 골수를 찔러 쪼개기까지 하며 또 마음의 생각과 뜻을 판단하나니 _히 4:12

이사야서 53장은 예수 그리스도의 고난의 모습과 그 의미가 너무나 생생하게 그려져 있다. 예수님이 오시기 700년 전에 하나님은 선지자 이사야를 통해서 이렇게 보여주셨고, 이사야는 이를 그대로 기록하였다는 사실을 생각할 때 놀랍고 두려울 뿐이다.

> 그는 실로 우리의 질고를 지고 우리의 슬픔을 당하였거늘 우리는 생각하기를 그는 징벌을 받아 하나님께 맞으며 고난을 당한다 하였노라 그가 찔림은 우리의 허물 때문이요 그가 상함은 우리의 죄악 때문이라 그가 징계를 받으므로 우리는 평화를 누리고 그가 채찍에 맞으므로 우리는 나음을 받았도다 _사 53:4,5

고난주간이나 성착식 때면 으레 이 말씀을 읽는다. 이를 평소에 암송하고 즐겨 묵상하면 늘 성찬식이요, 늘 고난주간을 체험하며 살 수 있다.

역시 이사야서 55장은 하나님의 구원으로의 초대의 말씀이다.

너희는 여호와를 만날 만한 때에 찾으라 가까이 계실 때에 그를 부르라 _사 55:6

이는 내 생각이 너희의 생각과 다르며 내 길은 너희의 길과 다름이니라 여호와의 말씀이니라 이는 하늘이 땅보다 높음 같이 내 길은 너희의 길보다 높으며 내 생각은 너희의 생각보다 높음이니라 _사 55:8,9

이사야서 60장 1-3절은 어두운 가운데서 소망을 주며 메시아 왕국에 대한 예언의 말씀이기도 하여 제5단계의 마감 요절로 삼았다.

일어나라 빛을 발하라 이는 네 빛이 이르렀고 여호와의 영광이 네 위에 임하였음이니라 _사 60:1

끝으로 말씀암송에 얽힌 두 가지 이야기로 마치려 한다.

캐나다 토론토에서 발행하는 '크리스찬 월드'에 이런 기사가 실렸다.

"미국 기독교의학치과협회(CMDA)의 결론이다. 이 같은 결론은 캐나다 토론토대학교 로이터보건소에서 힌트를 얻어 함께 제기된 학설이다. 토론토대 조사에 따르면 18~30세 14명, 65세 이상 19명을 대상으로 기억력조사를 한 결과 학력 수준이 높을수록 대뇌 전방의 뇌 신경 작용이 발달해 높은 기억력을 산출한다는 결과가 나왔다.

CMDA의 라벗 로건 박사는 '이런 조사 결과에 따라 일찍부터 성경 암송을 많이 한 사람도 노년에 높은 기억력을 유지하면서 상대적으로 치매 확률을 낮출 수 있다는 견해'라고 밝혔다. 로건은 이와 함께 기독교적 배경을 가진 사람들이 그렇지 않은 사람들보다 강한 믿음과 기억력으로 만사에 더 좋은 결과를 얻는 것은 당연하지 않으냐고 덧붙였다."

말씀암송의 유익은 치매 예방뿐 아니라 정신적 안정과 기쁨을 안고 살게 되므로 몸의 건강도 좋아지고 장수하는 데도 도움이 된다고 본다.

유명한 성경 고고학자인 찰스 셔어 교수가 교통사고를 당하여 입원했는데, 너무 중상이라 의식이 돌아오지 않았다. 그런데 그는 무의식 상태에서 입을 움직이고 있었다. 신학교 학장이 곁에서 가만히 귀를 기울여 들어보니, 그가 늘 암송하던 시편 1편을 히브리어로 암송하고 있었다.

평상시에 그는 말씀을 즐겨 암송하고 이를 묵상하는 것으로 잘 알려져 있었다. 말씀이 그 인격을 지배하고 있었고, 말씀에 나타난 하나님이 그와 함께 거닐었으며, 또 그는 계속 그 말씀 속에 나타난 하나님을 사모했다. 그리하여 그의 인격과 얼굴에는 하나님의 영광스러움이 나타나 있었던 것이다.

무의식 속에서도 말씀을 묵상하던 찰스 셔어 교수!

그렇게 온전히 주님과 동행하며 승리하는 사람이 되고 싶다.

303비전 성경암송노트
유니게 과정 제3·4·5단계

초판 1쇄 발행	2005년 7월 1일
초판 2쇄 발행	2006년 11월 15일
1차개정판 1쇄 발행	2007년 2월 28일
1차개정판11쇄 발행	2016년 5월 16일
2차개정판 1쇄 발행	2022년10월 12일

엮은이 여운학
펴낸이 여진구
펴낸곳 규장

주소 06770 서울시 서초구 매헌로 16길 20(양재2동) 규장선교센터
전화 02)578-0003 팩스 02)578-7332

이메일 303vision@gmail.com
303비전성경암송학교 cafe.naver.com/vision303
페이스북 facebook.com/303vision
등록일 1978.8.14. 제1-22

책값 뒤표지에 있습니다.
ISBN 979-11-6504-373-5 00230

규 | 장 | 수 | 칙

1. 기도로 기획하고 기도로 제작한다.
2. 오직 그리스도의 성품을 사모하는 독자가 원하고 필요로 하는 책만을 출판한다.
3. 한 활자 한 문장에 온 정성을 쏟는다.
4. 성실과 정확을 생명으로 삼고 일한다.
5. 긍정적이며 적극적인 신앙과 신행일치에의 안내자의 사명을 다한다.
6. 충고와 조언을 항상 감사로 경청한다.
7. 지상목표는 문서선교에 있다.

하나님을 사랑하는 자 곧 그의 뜻대로 부르심을 입은 자들에게는 모든 것이 合力하여 善을 이루느니라(롬 8:28)

ecpa Member of the Evangelical Christian Publishers Association

규장은 문서를 통해 복음전파와 신앙교육에 주력하는 국제적 출판사들의 협의체인 복음주의출판협회(E.C.P.A:Evangelical Christian Publishers Association)의 출판정신에 동참하는 회원(Associate Member)입니다.

팔복

1. 심령이 가난한 자는 복이 있나니
   천국이 그들의 것임이요

2. 애통하는 자는 복이 있나니
   그들이 위로를 받을 것임이요

3. 온유한 자는 복이 있나니
   그들이 땅을 기업으로 받을 것임이요

4. 의에 주리고 목마른 자는 복이 있나니
   그들이 배부를 것임이요

5. 긍휼히 여기는 자는 복이 있나니
   그들이 긍휼히 여김을 받을 것임이요

6. 마음이 청결한 자는 복이 있나니
   그들이 하나님을 볼 것임이요

7. 화평하게 하는 자는 복이 있나니
   그들이 하나님의 아들이라 일컬음을 받을 것임이요

8. 의를 위하여 박해를 받은 자는 복이 있나니
   천국이 그들의 것임이라

마 5:3-10

The Beatitudes

1. Blessed are the poor in spirit,
   for theirs is the kingdom of heaven.
2. Blessed are those who mourn,
   for they will be comforted.
3. Blessed are the meek,
   for they will inherit the earth.
4. Blessed are those who hunger and thirst for righteousness,
   for they will be filled.
5. Blessed are the merciful,
   for they will be shown mercy.
6. Blessed are the pure in heart,
   for they will see God.
7. Blessed are the peacemakers,
   for they will be called children of God.
8. Blessed are those who are persecuted
   because of righteousness,
   for theirs is the kingdom of heaven.

Matthew 5:3-10